Annabel Benilan

Barbie™

Kleidung für Barbie und Ken selbst nähen

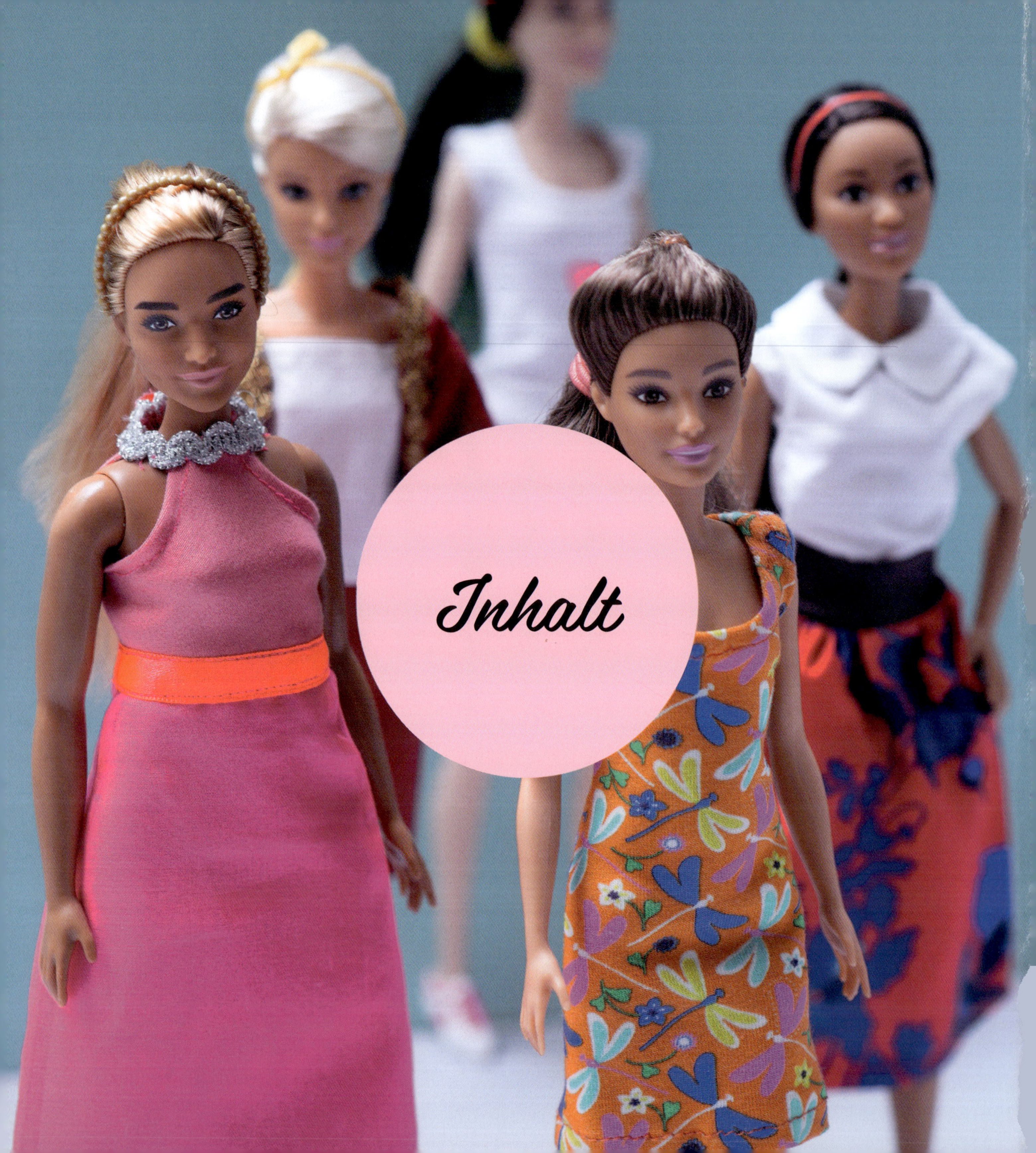

Inhalt

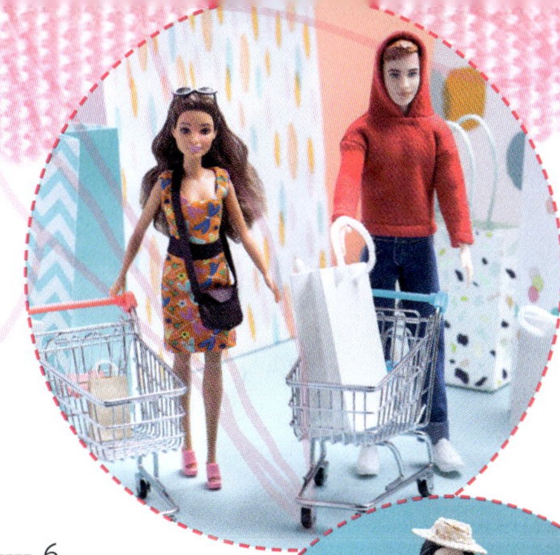

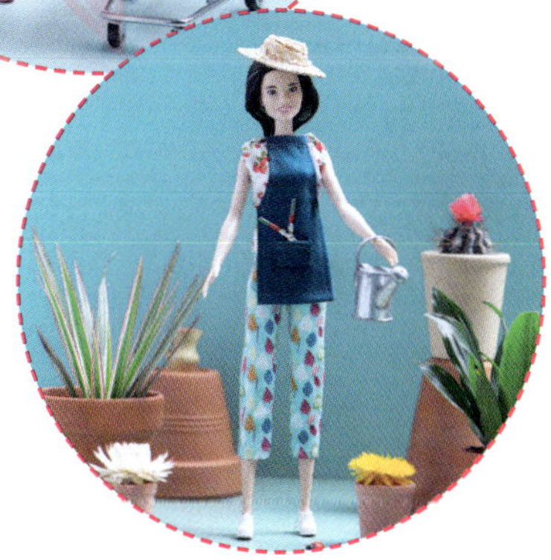

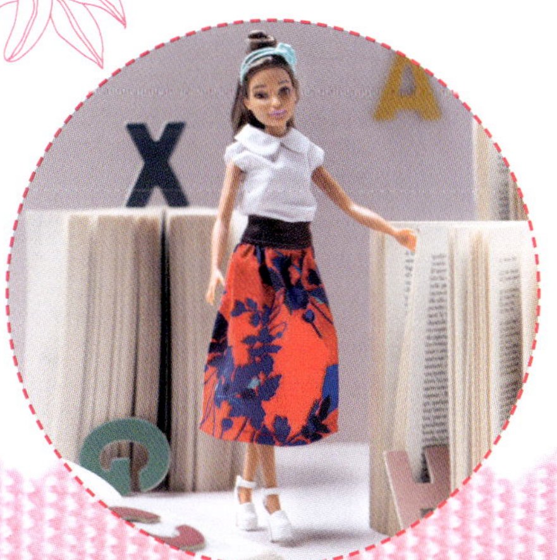

Schnittmuster-Download in der TOPP Digitalen Bibliothek online

Sämtliche Schnittmuster kannst du auch über unsere digitale Bibliothek herunterladen. Den Freischaltcode findest du auf der Impressumsseite.

www.topp-kreativ.de/digibib

Vor Beginn

Nahtzugaben von 5 mm sind in den Schnittmustern enthalten.

Damit die Nähte nicht auftragen, nach dem Zusammennähen die Nahtzugaben einkerben oder zurückschneiden..

Klettband besteht aus zwei Seiten: Flauschband und Hakenband.
Falls du kein 1 cm breites Klettband bekommst, kannst du breiteres Klettband zuschneiden. Es gibt auch selbstklebendes Klettband zum Aufnähen, das sich leichter befestigen lässt. In diesem Fall eine Nadel der Stärke 100 verwenden, damit die Nadel beim Nähen nicht steckenbleibt.

Spezialnadeln verwenden, um Jersey, Tüll, Kunstleder und Jeansstoff zu nähen.

Damit Satinbänder nicht ausfransen, die Enden kurz mit dem Feuerzeug abflämmen.

Manche Stoffe fransen sehr leicht aus: um die Nahtzugaben zu fixieren, die Kanten mit speziellem Textilkleber versiegeln.

Einkräuseln: im Geradstich mit der größten Stichlänge eine Naht anbringen, dann an beiden Enden an den Unterfäden ziehen, um den Stoff zu kräuseln.

Einkerben: an Rundungen kleine Einschnitte in den Nahtzugaben anbringen, damit die Nahtzugabe nach dem Wenden glatt liegt.

Schnittmuster:
Farbliche Kennzeichnung bei den Schnittmustern:
- Zierliche Barbie: orange
- Original Barbie: violett
- Kurvige Barbie: rosa
- Große Barbie: grün
- Einheitsgröße: schwarz

Abkürzungen:
- SB: Stoffbruch
- FL: Fadenlauf

Die im Buch angegebenen Stoffbreiten beziehen sich auf die für die Modelle verwendeten Originalstoffe der Firma Stragier. In den meisten Fällen dürften geringere Stoffbreiten oder auch Stoffreste ausreichen.

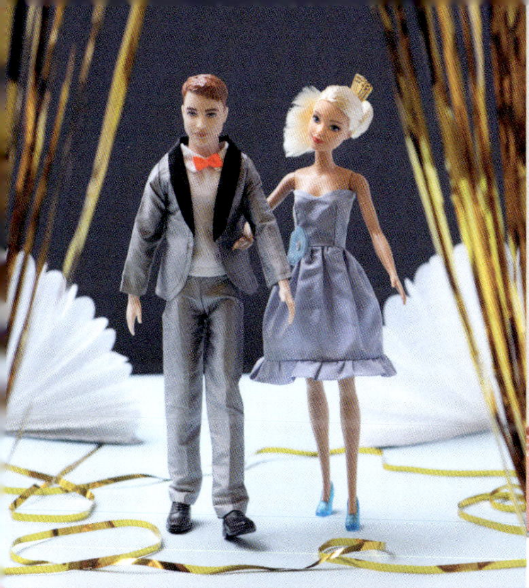

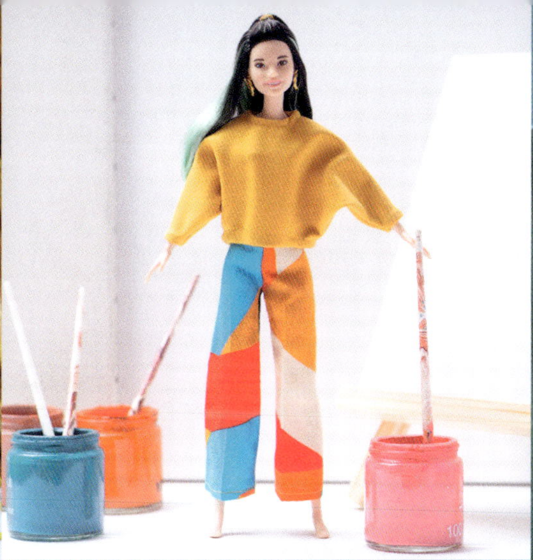

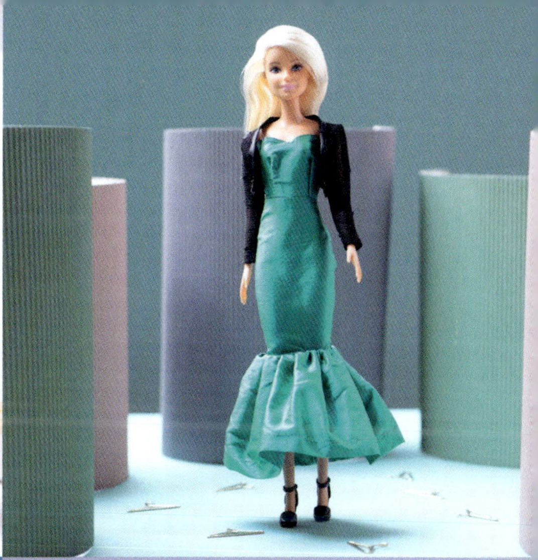

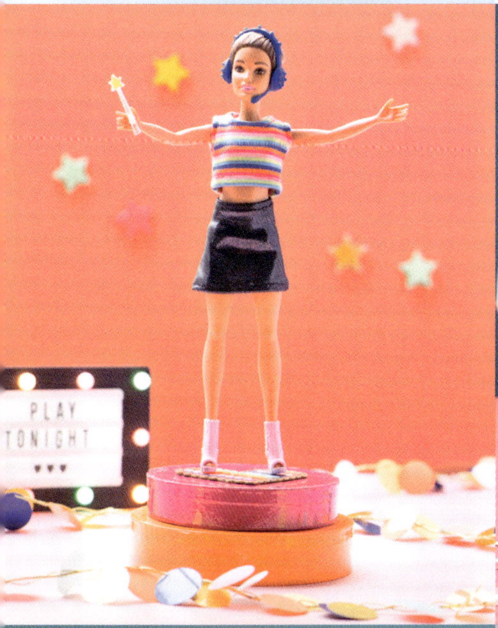

PLAY
TONIGHT

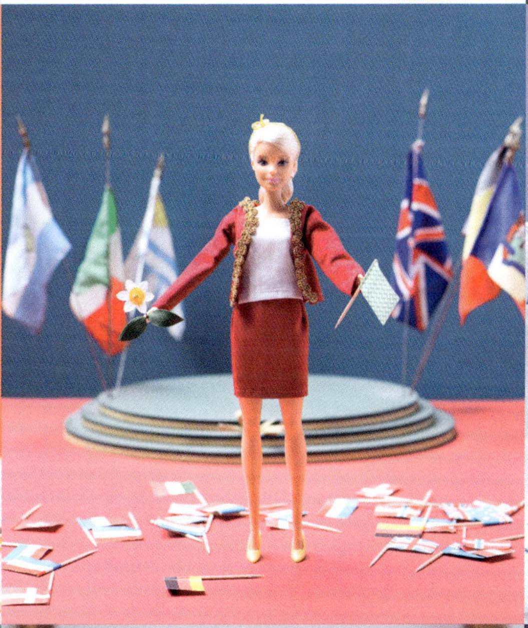

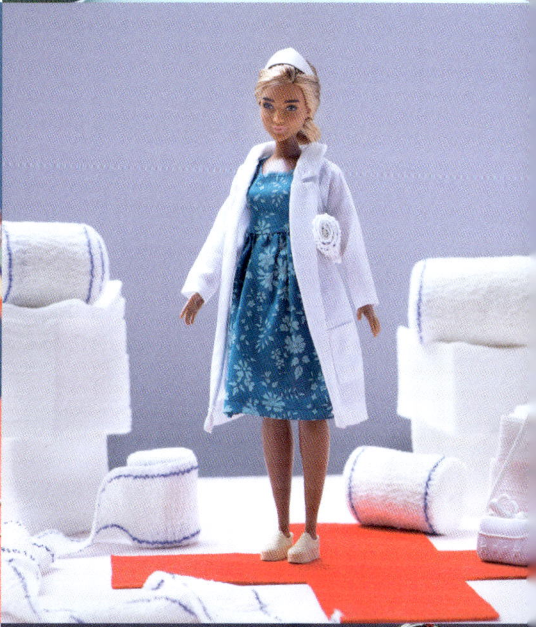

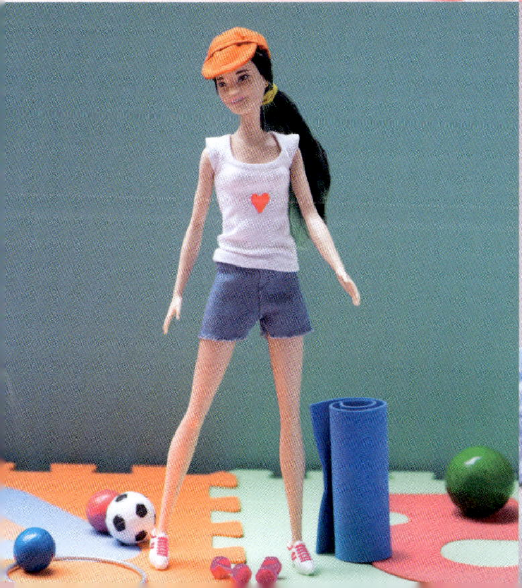

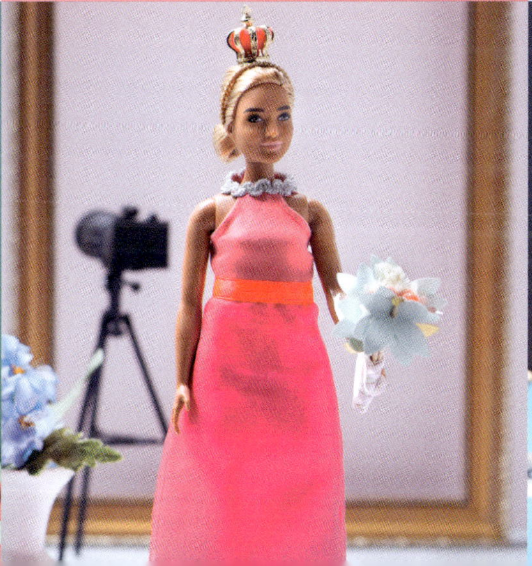

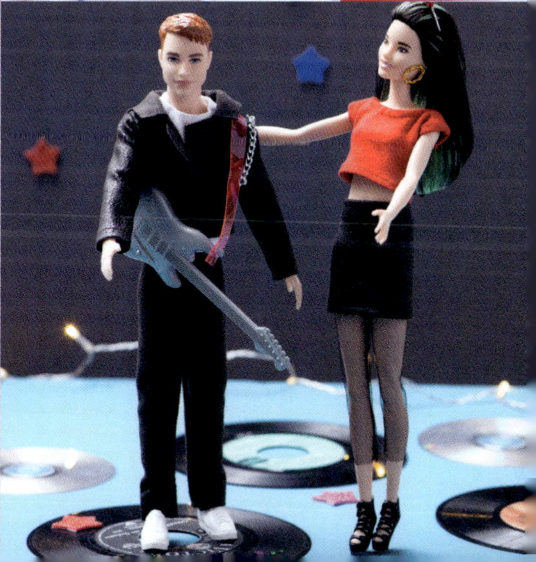

Künstlerin

Immer modisch gestylt – in ihrem knalligen Outfit ist Barbie die perfekte künstlerische Muse.

Oberteil

Material

- **Punto-Milano-Jersey in Goldgelb (150 cm breit), 20 cm**
- **Klettband, 1 cm breit, 8 cm lang**

1 Das Vorder- und Rückenteil rechts auf rechts legen und an den Schulterkanten zusammennähen.

2 An beiden Ärmeln unten einen 5 mm breiten Saum nähen.

3 Das Vorder- und Rückenteil rechts auf rechts legen und jeweils vom Ärmelsaum bis zur Taille zusammennähen.

4 An Halsausschnitt und Taille einen 5 mm breiten Saum nähen.

5 Eine Kante der Öffnung am Rücken 5 mm breit nach innen umbügeln und die Flauschseite des Klettbands auf den Umschlag nähen.

6 Die Hakenseite des Klettbands von rechts entlang der Kante auf das andere Rückenteil nähen.

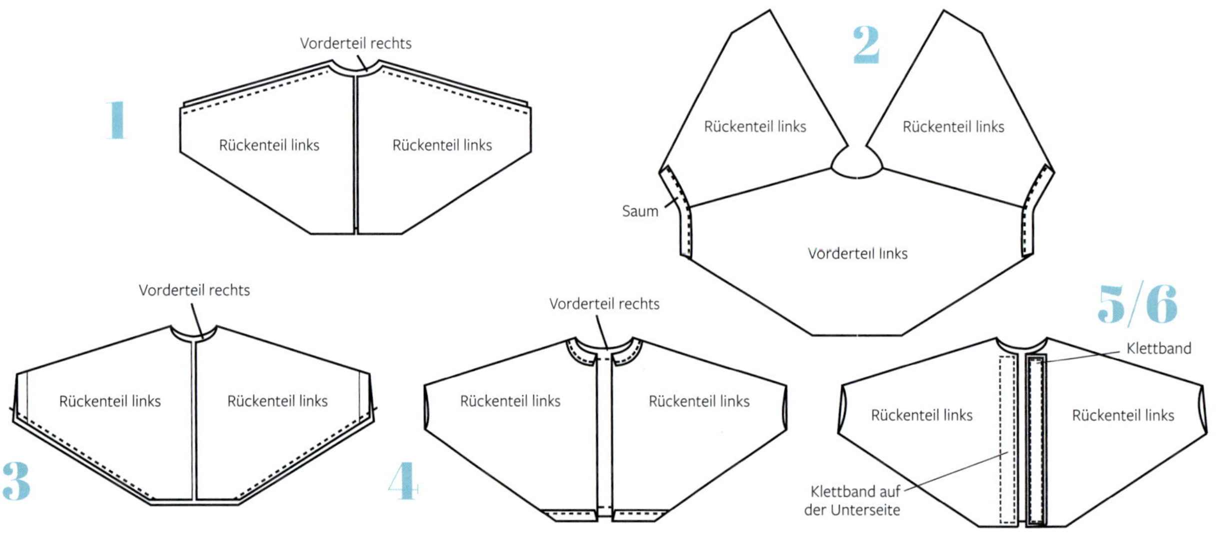

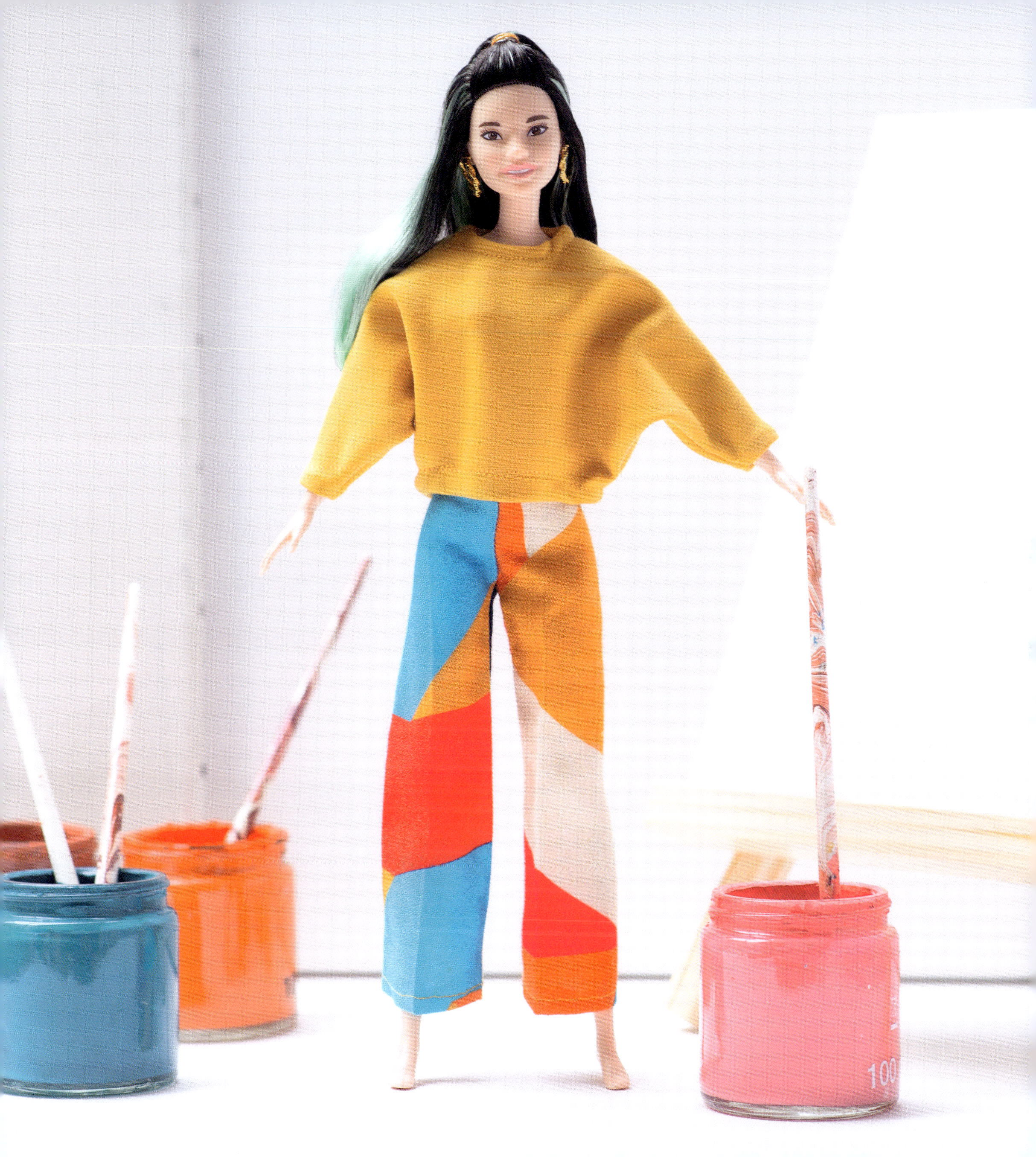
100

Schnittmuster in Originalgröße

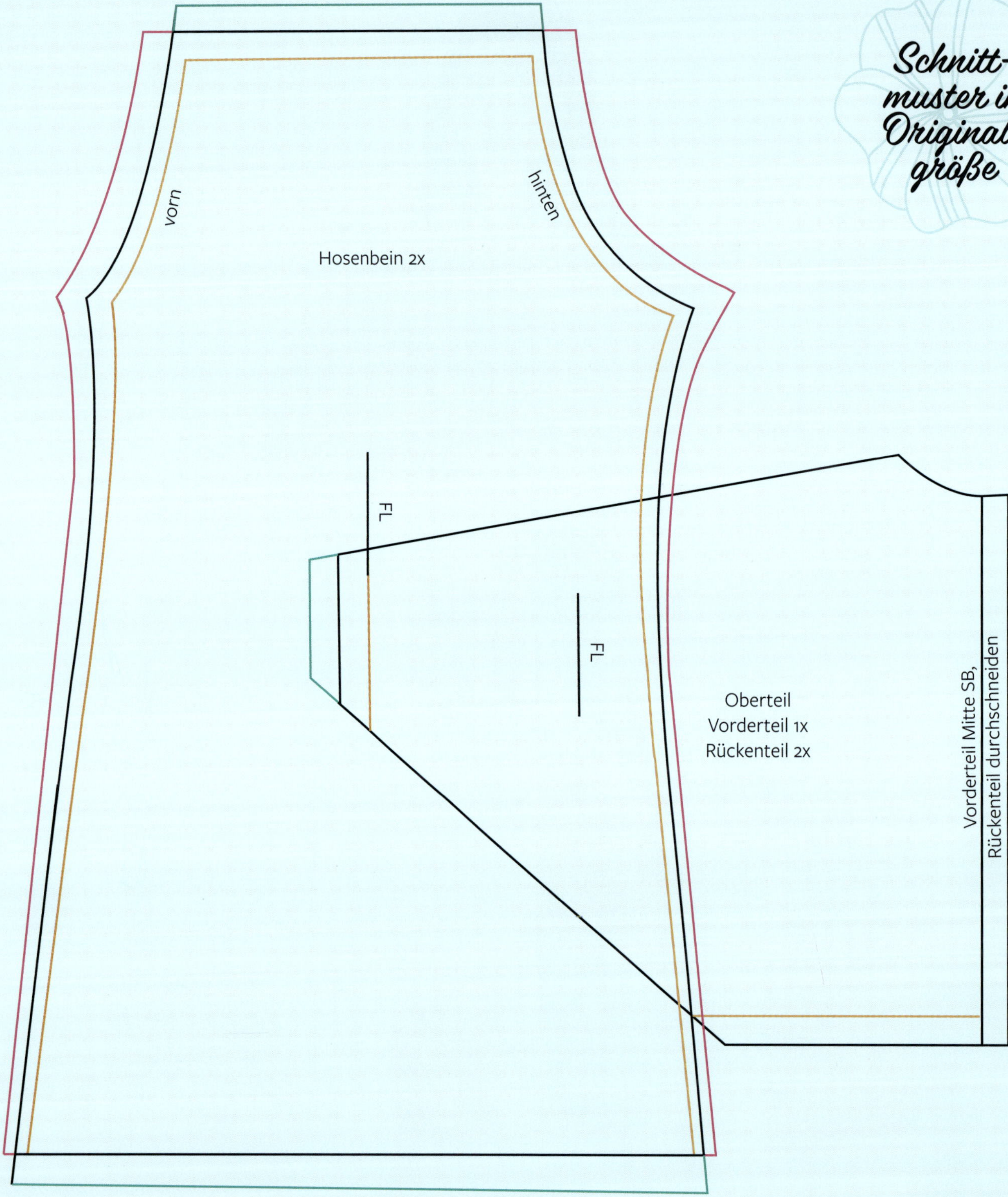

Hose

Material
• bunt gemusterter Viskosekrepp (140 cm breit), 20 cm
• Klettband, 1 cm breit, 3 cm lang

1 Die Hosenbeine rechts auf rechts legen und die vorderen Schrittkanten zusammennähen. An der Oberkante der Hose einen 5 mm breiten Saum nähen.

2 Eine Kante des hinteren Schritts 5 mm breit nach links umbügeln und die Flauschseite des Klettbands innen auf den Umschlag nähen.

3 Die Hakenseite des Klettbands von rechts entlang der Kante auf die andere Kante des hinteren Schritts nähen.

4 Das übrige Stück der hinteren Schrittnaht unterhalb des Klettbands rechts auf rechts schließen.

5 Die Hosenbeine an den Innenbeinkanten rechts auf rechts zusammennähen.

6 An beiden Hosenbeinen unten einen 5 mm breiten Saum nähen.

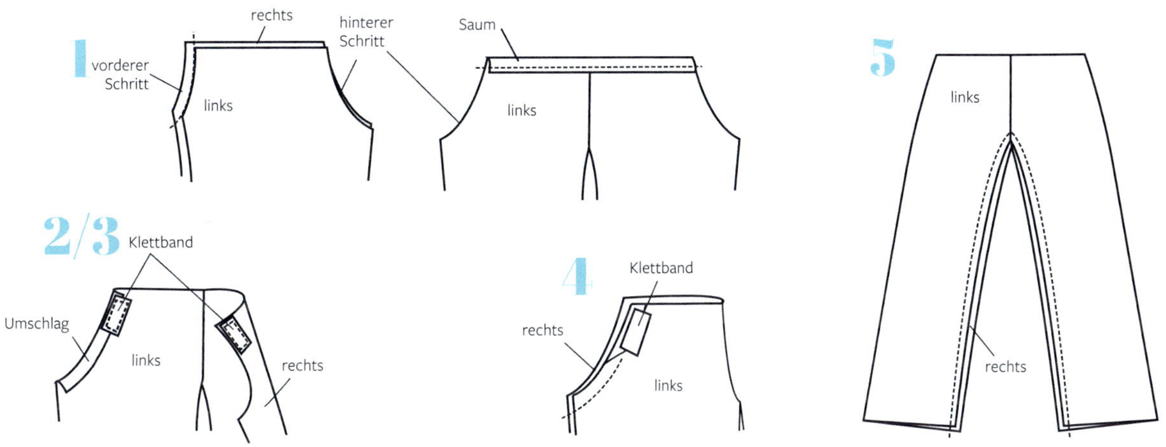

Gärtnerin

Zur Entspannung und als Ausgleich zum stressigen Alltag geht Barbie gern in ihren Garten und bringt dort die schönsten Blumen zum Blühen!

1

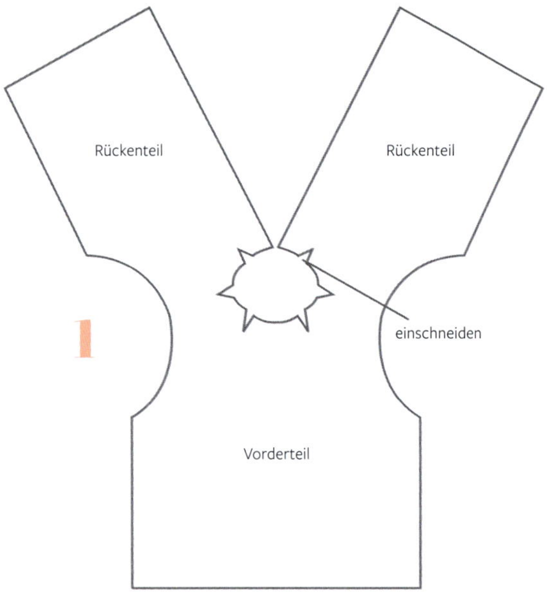

Bluse

Material

• gemusterter Baumwollpopeline (150 cm breit), 20 cm
• Klettband, 1 cm breit, 8 cm lang

1 Die Nahtzugabe an der Kante des Halsausschnitts ringsum mehrmals 3 mm weit einschneiden, dann am Halsausschnitt und an beiden Armausschnitten einen 5 mm breiten Saum nach links umbügeln und festnähen.
2 Die Bluse an den Seiten rechts auf rechts zusammennähen.
3 An der Unterkante einen 5 mm breiten Saum nähen.
4 Eine Kante der Öffnung am Rücken 5 mm breit nach innen umbügeln und die Flauschseite des Klettbands von links auf den Umschlag nähen.
5 Die Hakenseite des Klettbands von rechts entlang der Kante auf das andere Rückenteil nähen.

2

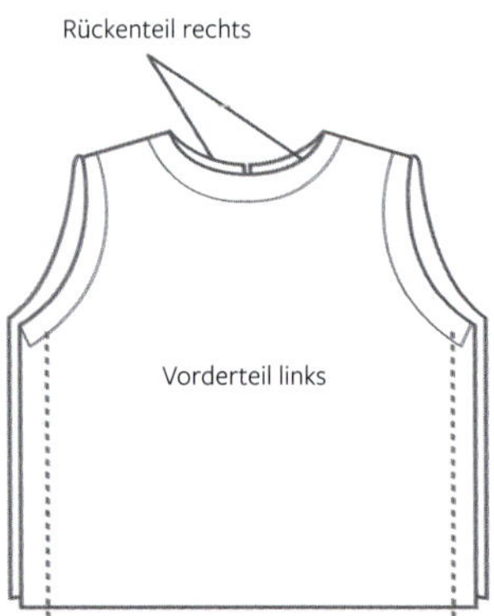

4/5

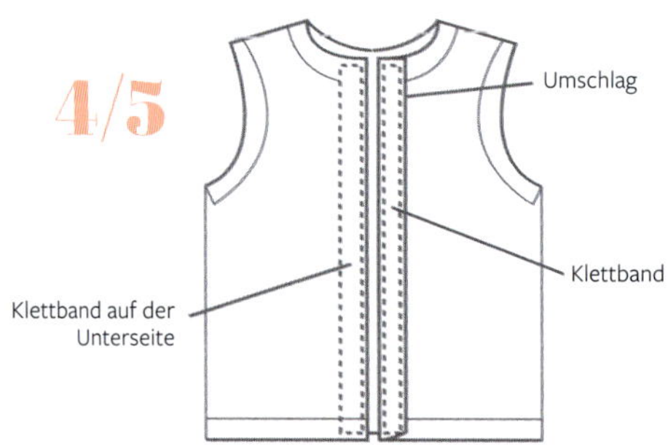

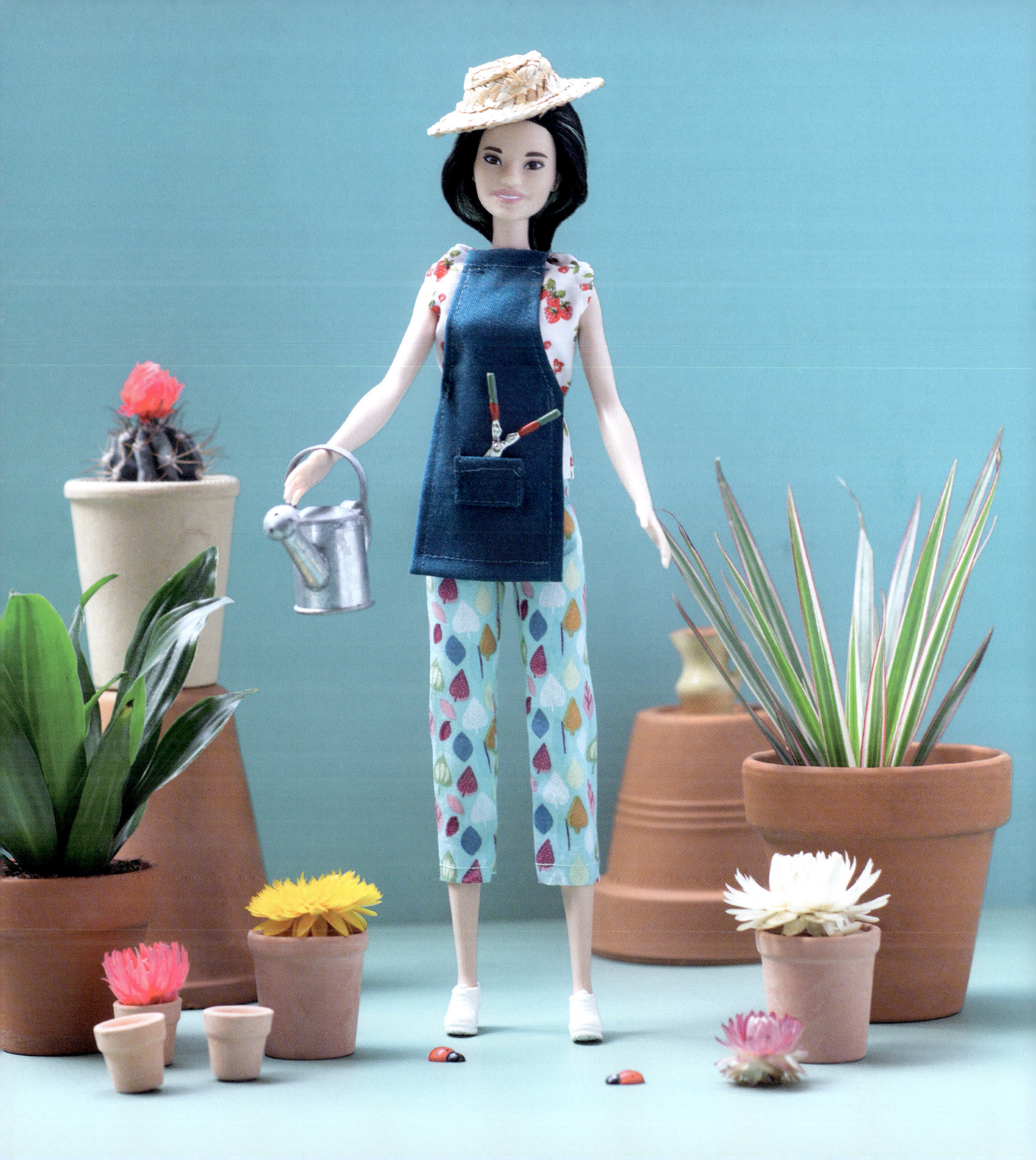

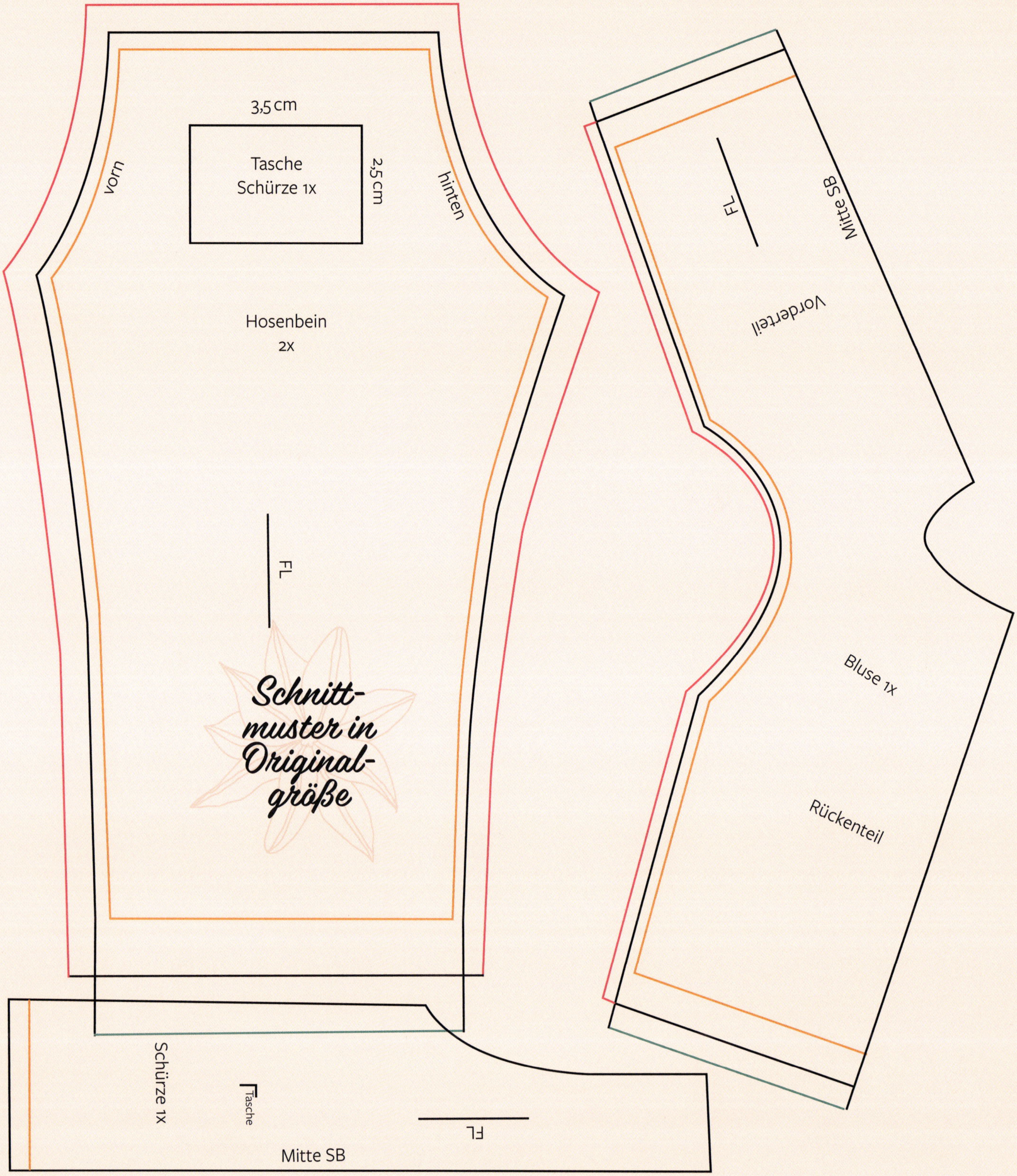
3,5 cm
Tasche
Schürze 1x
2,5 cm
vorn
hinten
Hosenbein
2x
FL
Schnitt-
muster in
Original-
größe
FL
Mitte SB
Vorderteil
Bluse 1x
Rückenteil
Schürze 1x
Tasche
FL
Mitte SB

Hose

Material

- **gemusterter Baumwollpopeline (145 cm breit), 20 cm**
- **Klettband, 1 cm breit, 3 cm lang**

1

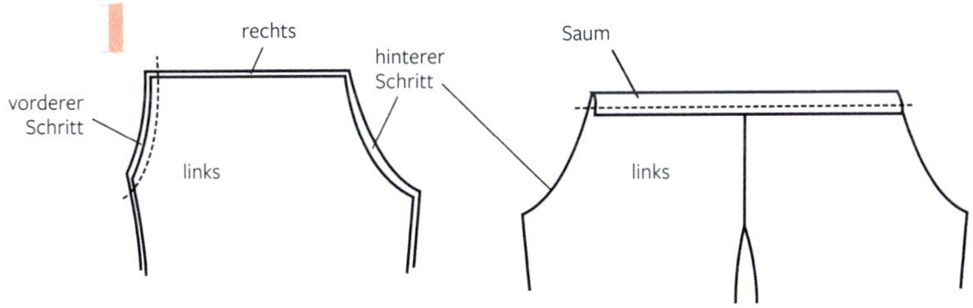

2/3

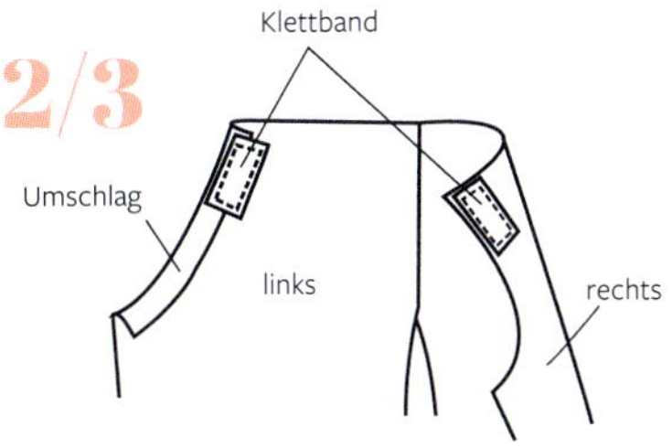

4

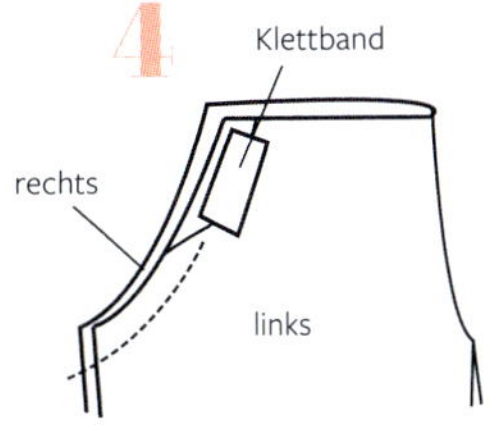

6

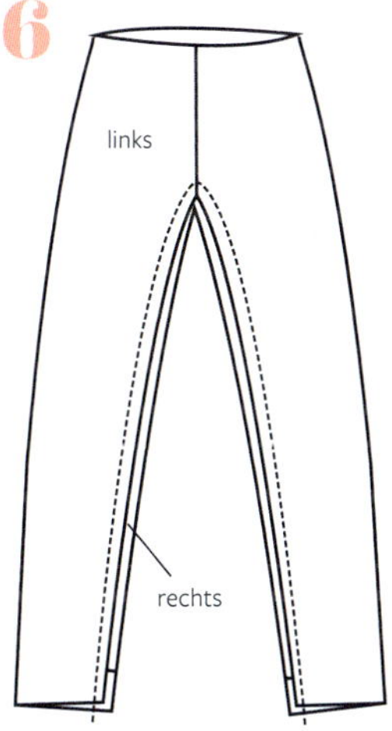

1 Die Hosenbeine rechts auf rechts legen und die vorderen Schrittkanten zusammennähen. An der Oberkante der Hose einen 5 mm breiten Saum nähen.

2 Eine Kante des hinteren Schritts 5 mm breit nach innen umbügeln und die Flauschseite des Klettbands von links auf den Umschlag nähen.

3 Die Hakenseite des Klettbands von rechts entlang der Kante auf die andere Seite des hinteren Schritts nähen.

4 Das übrige Stück des hinteren Schritts unterhalb des Klettbands rechts auf rechts zusammennähen.

5 An beiden Hosenbeinen einen 5 mm breiten Saum nähen.

6 Die Hose an den Innenbeinnähten rechts auf rechts zusammennähen.

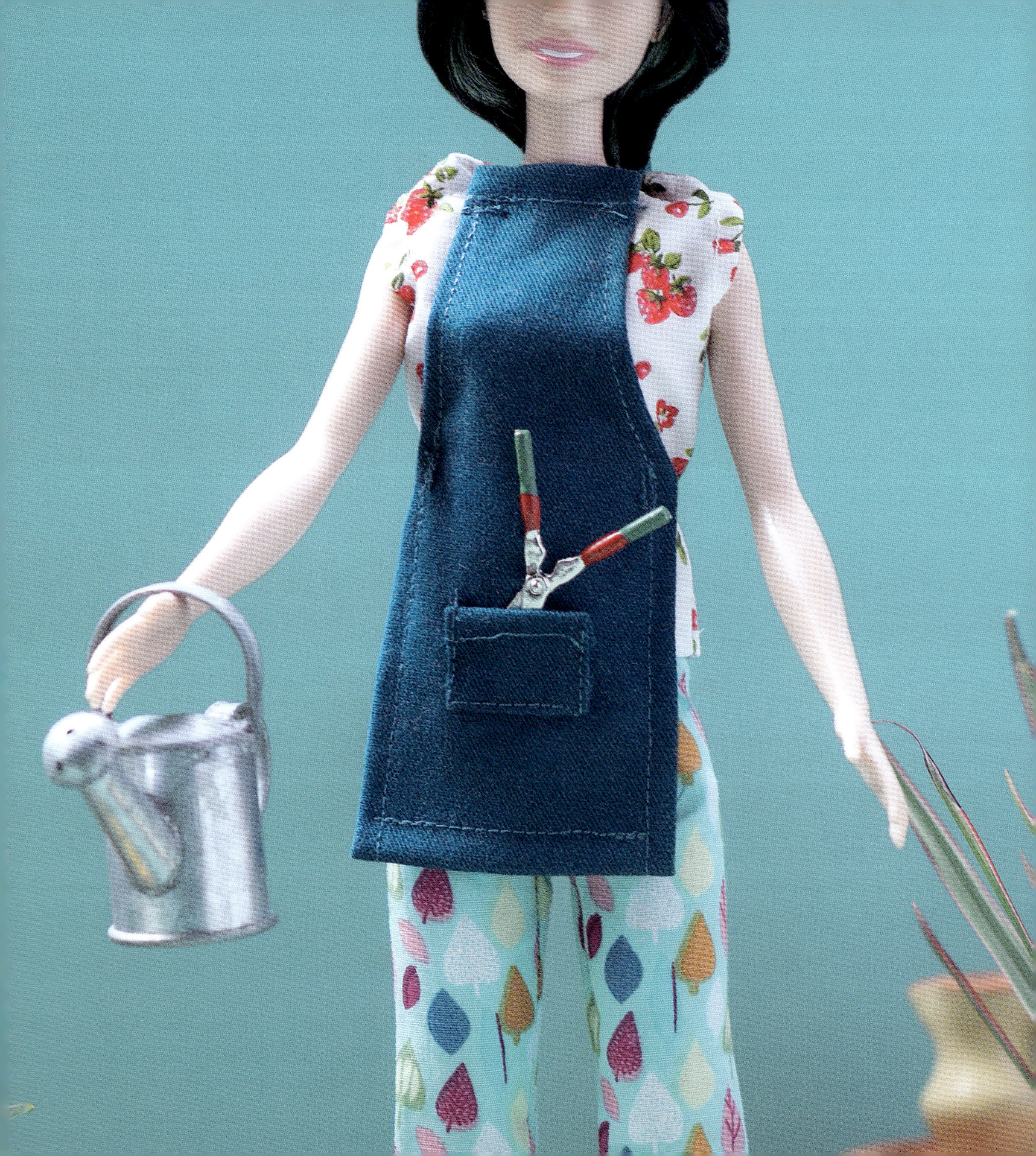

Schürze

Material
- **Jeansstoff in Blaugrün (150 cm breit), 20 cm**
- **Satinband in Blaugrün, 3 mm breit, 60 cm lang**

1 Die Oberkante der Tasche 5 mm nach links umbügeln und den Umschlag festnähen.
2 Die Tasche an der Markierung von rechts auf die Schürze stecken, dann an den Seiten und der Unterkante aufnähen.
3 Die seitlichen Kanten sowie die Ober- und Unterkante der Schürze 5 mm nach links umbügeln und festnähen.
4 Das Satinband in vier gleich lange Stücke schneiden und jeweils ein Ende an den oberen und seitlichen Ecken der Schürze festnähen.

1

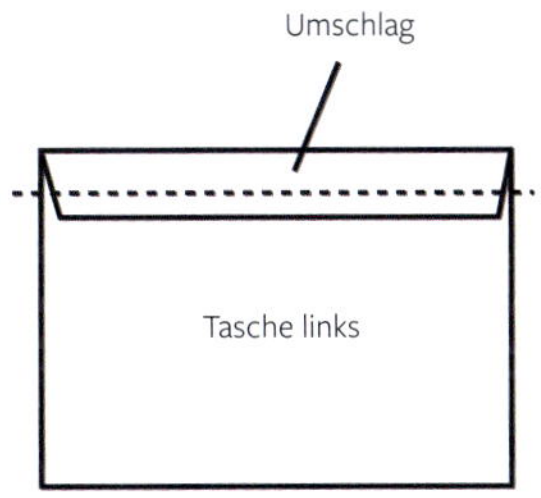

2

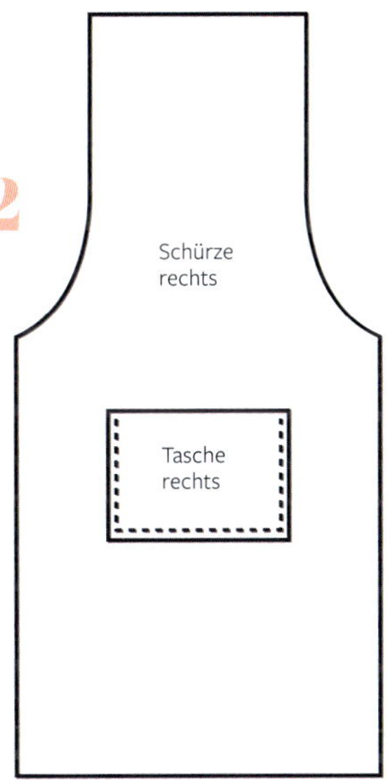

4

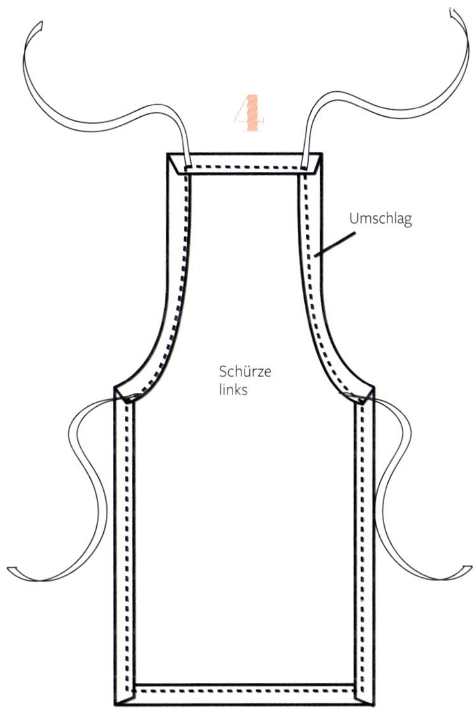

Präsidentin

In ihrem Kostüm fühlt Barbie sich selbstbewusst und mit ihren starken, engagierten Ideen überzeugt sie alle: Geschlechtergleichstellung und Umweltschutz sind ihre Hauptanliegen!

Top

Material

- **Baumwollpopeline in Weiß (150 cm breit), 10 cm**
- **Satinband in Weiß, 3 mm breit, 8 cm lang**
- **Klettband, 1 cm breit, 5 cm lang**

1 Die Ober- und Unterkante des Tops 5 mm breit nach links umbügeln und den Umschlag festnähen.
2 Das Satinband in zwei gleich lange Stücke schneiden und die Enden an den Schnittmarkierungen, wie auf der Zeichnung gezeigt, an das Vorder- und Rückenteil des Tops nähen.
3 Eine Kante der Öffnung am Rücken 5 mm breit nach innen umbügeln und die Flauschseite des Klettbands auf den Umschlag nähen.
4 Die Hakenseite des Klettbands von rechts entlang der Kante auf das andere Rückenteil nähen.

1

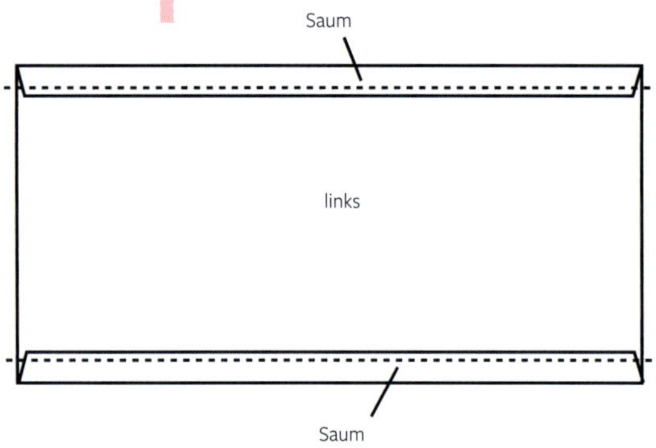

2

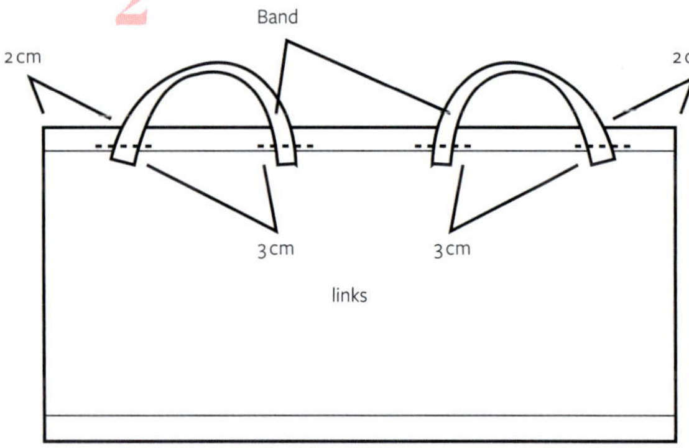

3/4

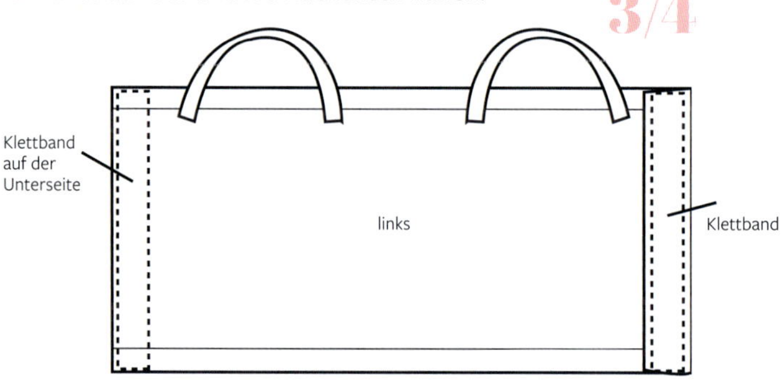

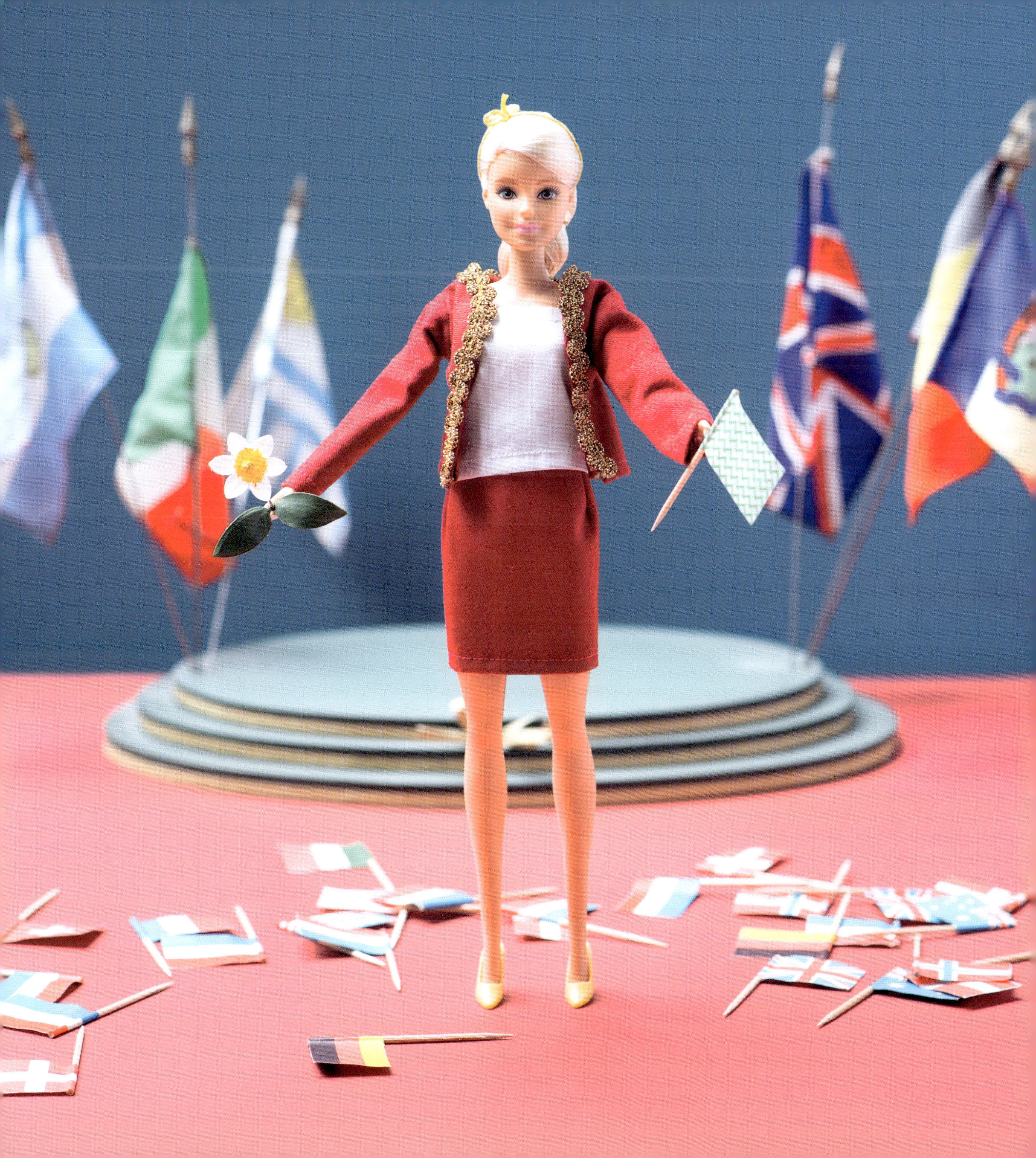

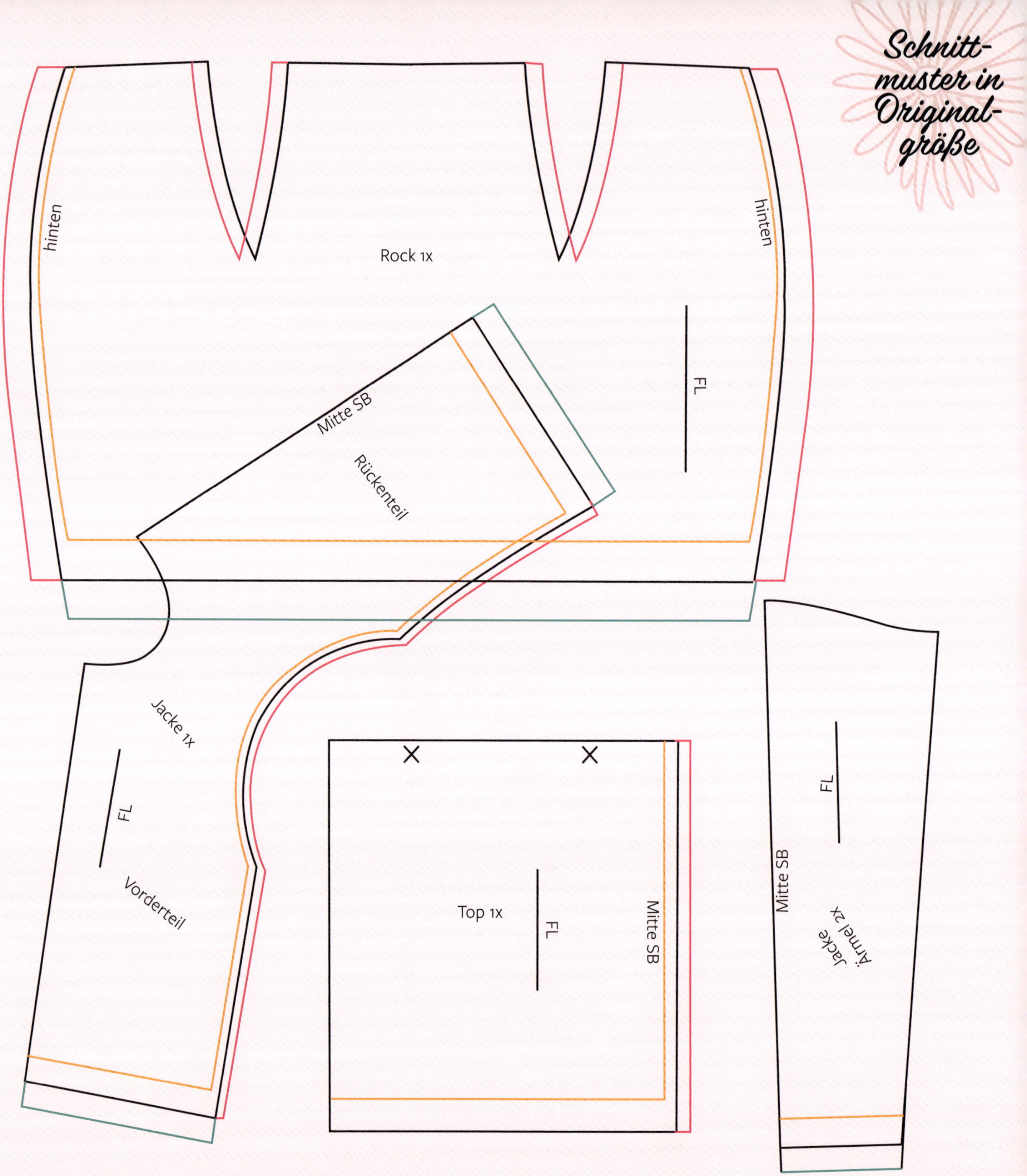
Schnittmuster in Originalgröße
Rock 1x
hinten
hinten
FL
Mitte SB
Rückenteil
Jacke 1x
FL
Vorderteil
Top 1x
FL
Mitte SB
Mitte SB
FL
Jacke Ärmel 2x

Jacke

Material

• Jeansstoff in Rot (150 cm breit), 20 cm
• Posamentenborte in Gold, 8 mm breit, 25 cm lang

1 Die Nahtzugabe des Halsausschnitts ringsum mehrmals 3 mm weit einschneiden, dann einen 5 mm breiten Saum nach links umbügeln und festnähen.

2 An beiden Ärmeln unten einen 5 mm breiten Saum nach links umbügeln und festnähen. Die Ärmel jeweils rechts auf rechts an die Armausschnitte nähen.

3 Die Seitennähte von Vorderteilen und Rückenteil sowie die Ärmelnähte rechts auf rechts schließen.

4 An der Unterkante der Jacke einen 5 mm breiten Saum nach links umbügeln und festnähen.

5 Die Borte an den Vorderkanten und am Halsausschnitt von rechts aufnähen.

1

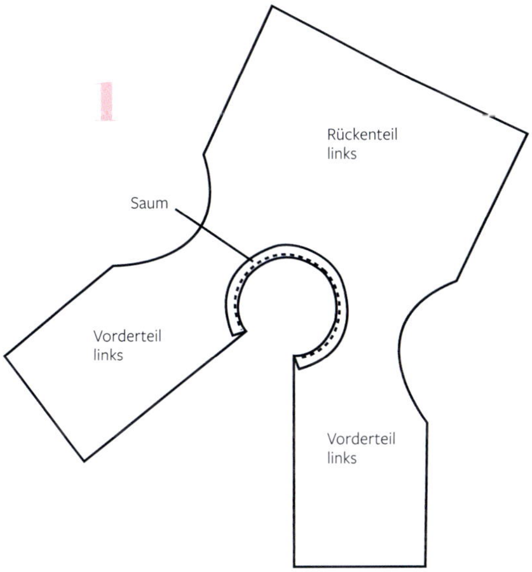

2

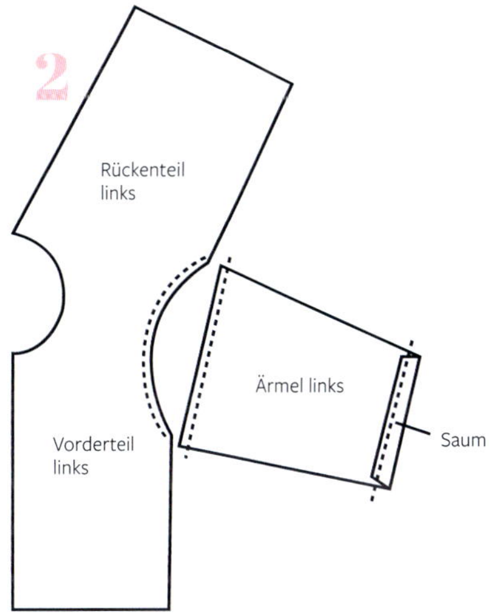

3

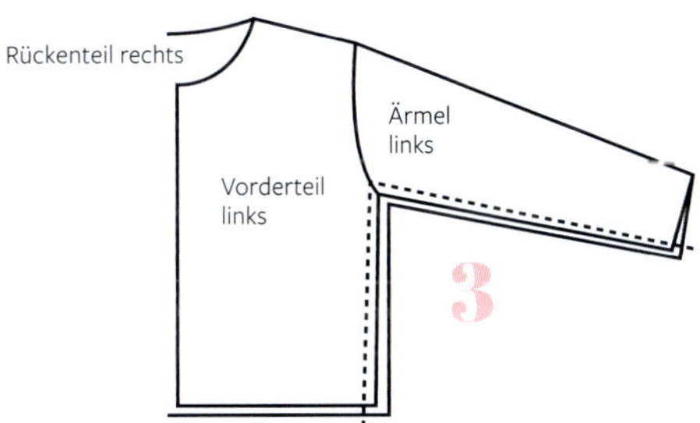

4/5

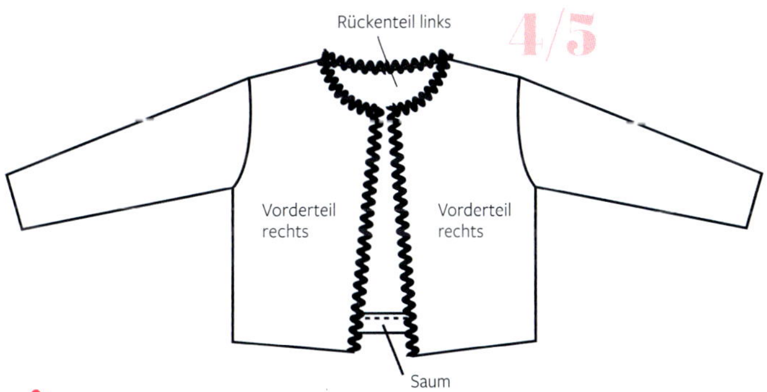

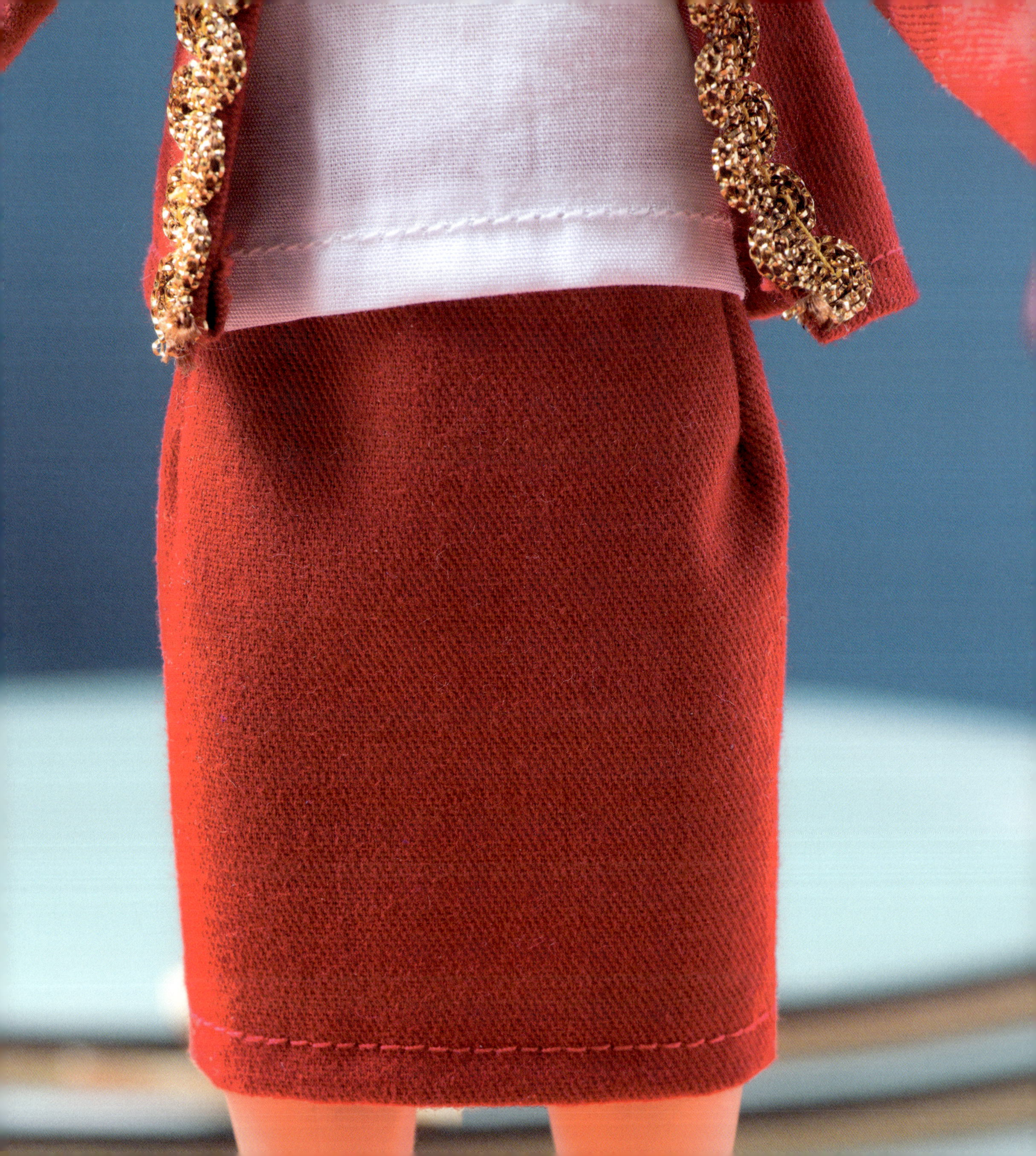

Rock

Material
• Jeansstoff in Rot (150 cm breit), 20 cm
• Klettband, 1 cm breit, 3 cm lang

1 Die Taillenabnäher einnähen, dann an der Oberkante einen 5 mm breiten Saum nähen.
2 Eine Kante der Öffnung am Rücken 5 mm breit nach links umbügeln. Die Flauschseite des Klettbands auf den Umschlag nähen.
3 Die Hakenseite des Klettbands von rechts entlang der Kante auf das andere Rückenteil nähen.
4 Die rückwärtigen Rockkanten unterhalb des Klettbands rechts auf rechts zusammennähen.
5 An der Unterkante des Rocks einen 5 mm breiten Saum nähen.

1

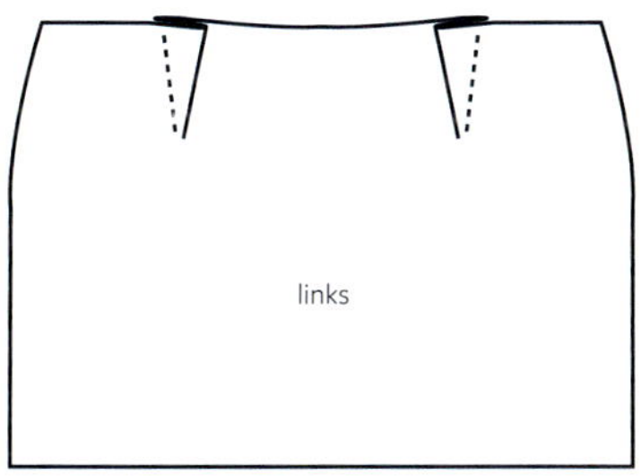

2/3

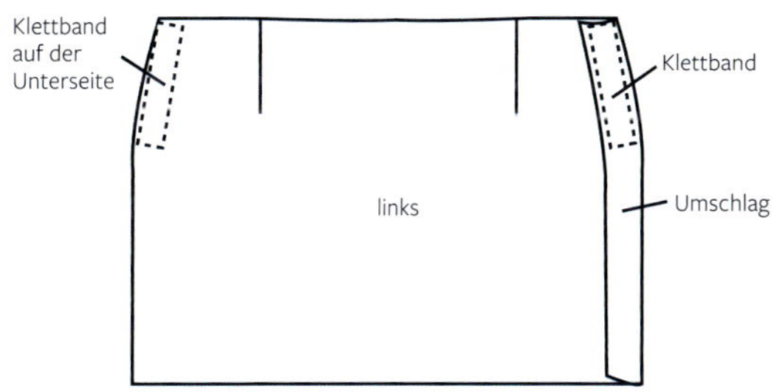

4

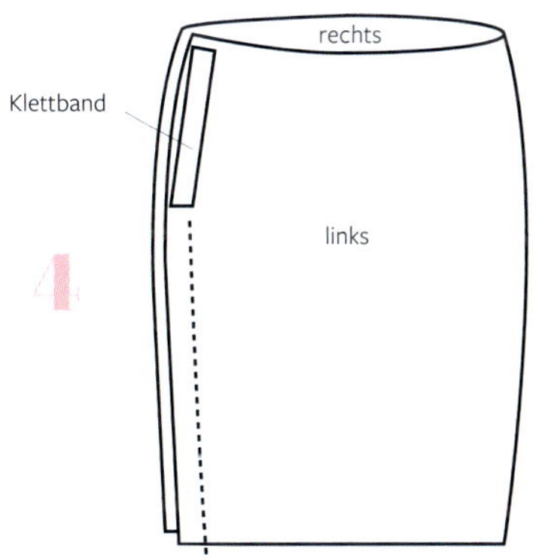

Skater-Girl

Barbie liebt den Nervenkitzel – sie braucht nur ihre Shorts anzuziehen, ihr Skateboard zu schnappen, und schon ist sie bereit für die akrobatischsten Tricks. Bis dann im Skatepark!

T-Shirt

Material

• Baumwolljersey in Weiß (140 cm breit), 20 cm
• 1 Textilmarker in Neonpink • Klettband, 1 cm breit, 8 cm lang

1 Am Halsausschnitt und an den Armausschnitten einen 5 mm breiten Saum nähen.
2 Das Vorderteil und die Rückenteile an den Seiten rechts auf rechts zusammennähen.
3 An der Unterkante einen 5 mm breiten Saum nähen.
4 Eine Kante der Öffnung am Rücken 5 mm breit nach links umbügeln. Die Flauschseite des Klettbands auf den Umschlag nähen.
5 Die Hakenseite des Klettbands von rechts entlang der Kante auf das andere Rückenteil nähen.
6 Mit dem Textilmarker von rechts ein Herz auf das Vorderteil malen.

1

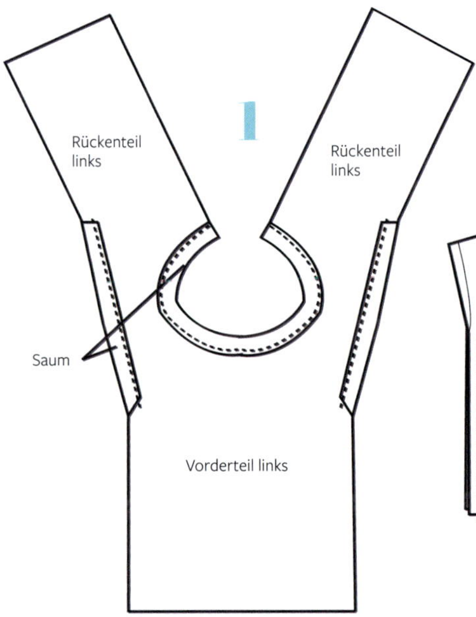

2

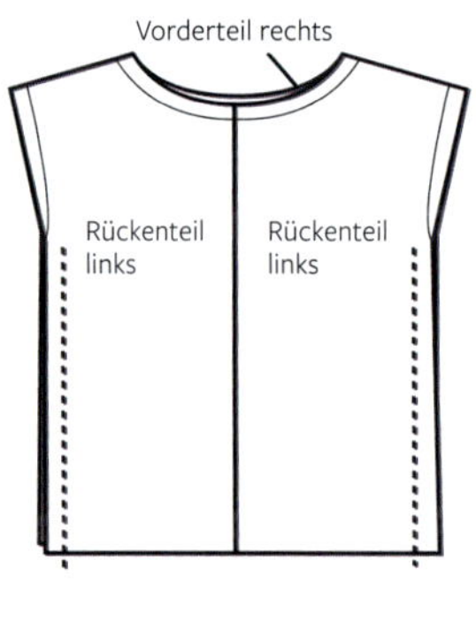

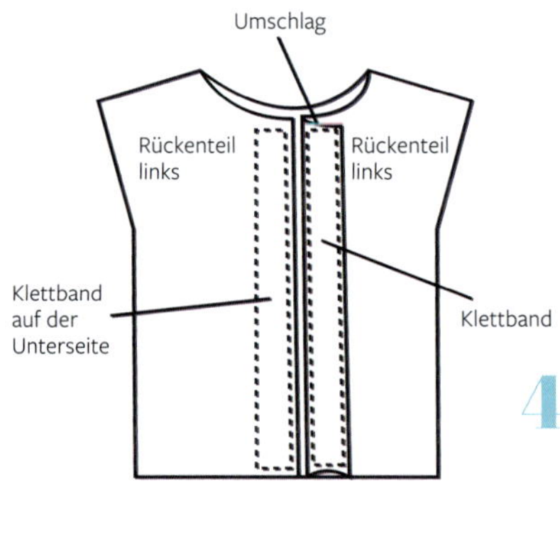

4/5

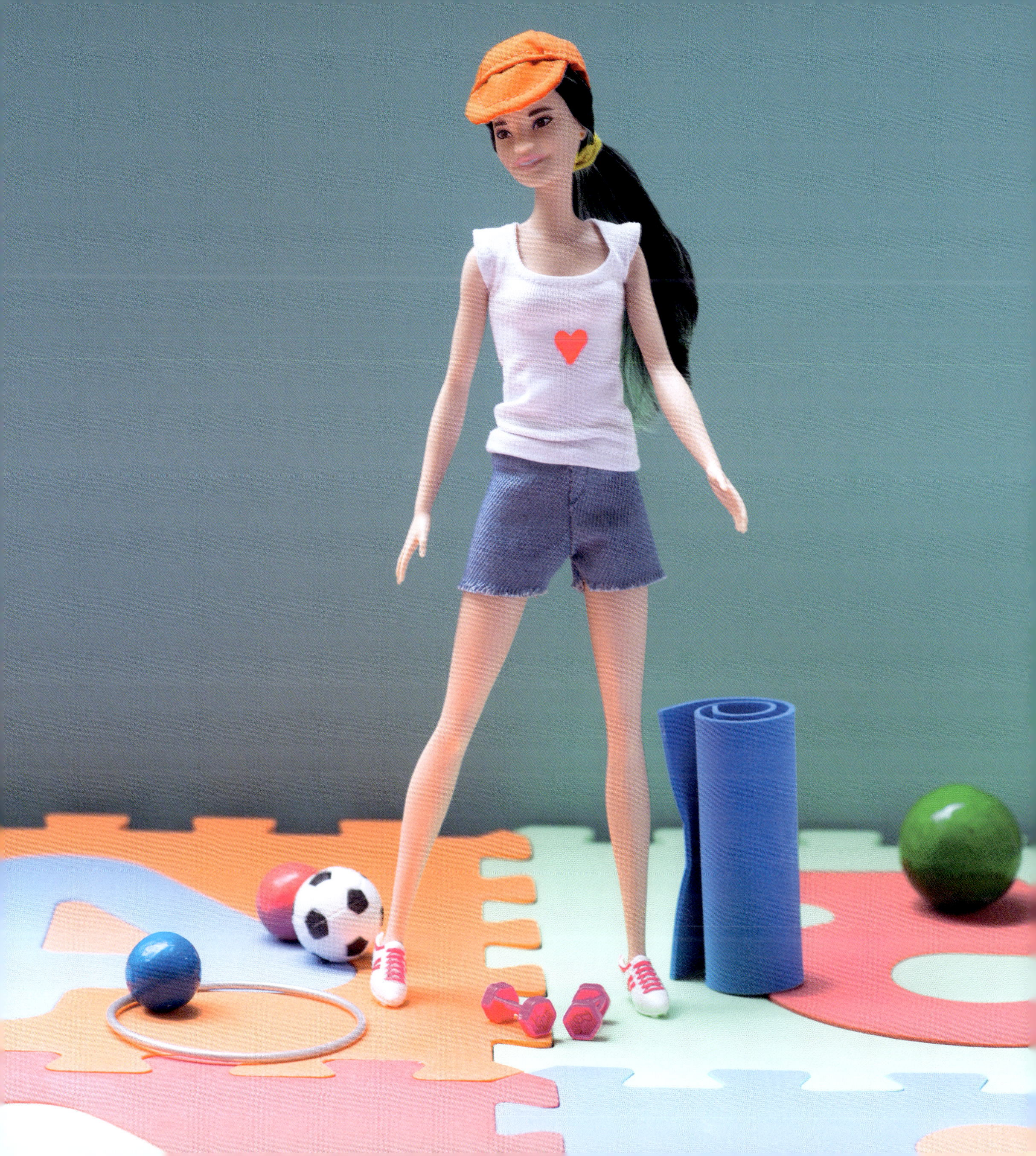

Schnittmuster in Originalgröße

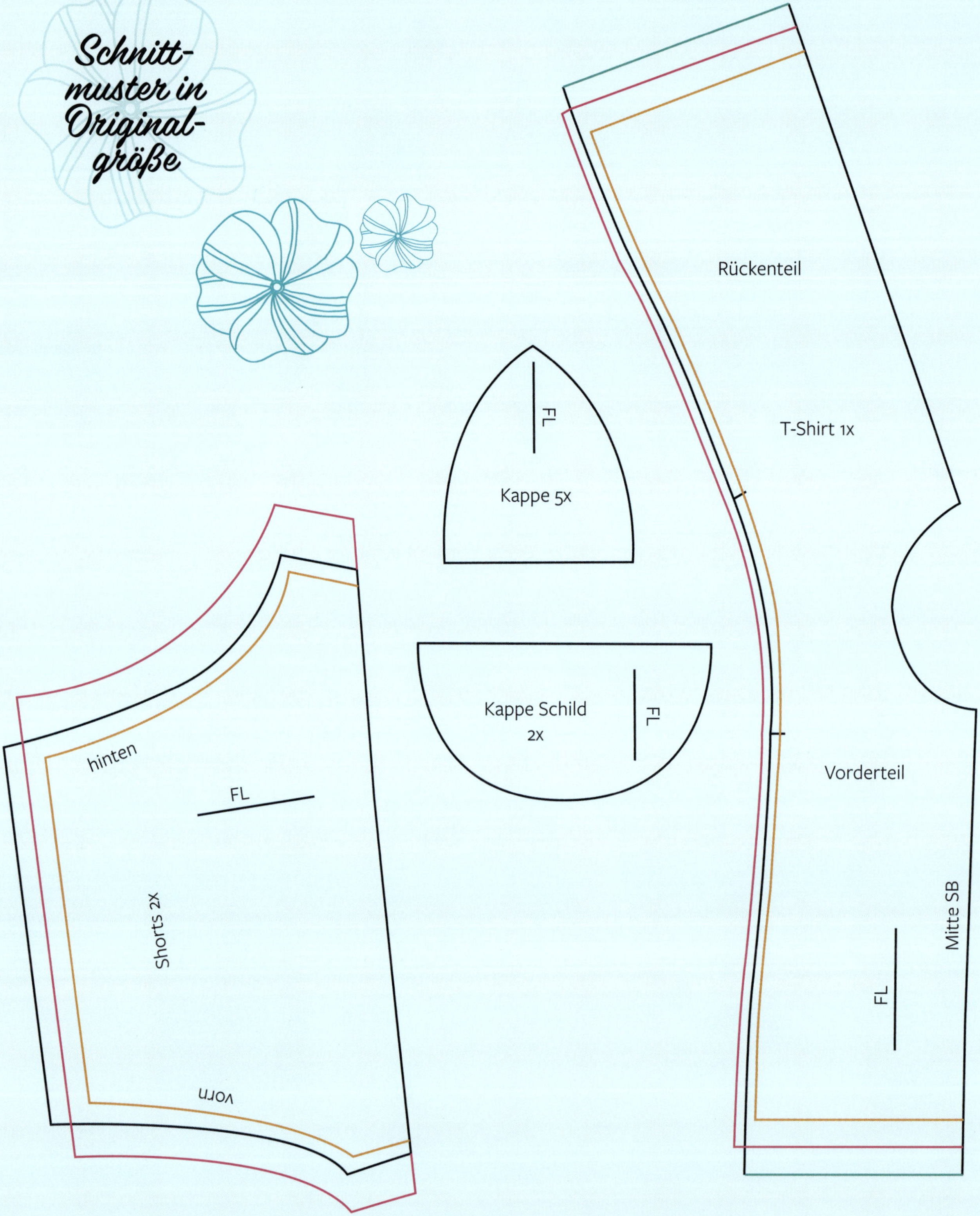

Shorts

Material

• dünner Jeansstoff in Blau (145 cm breit, 330 g/m²), 10 cm • Klettband, 1 cm breit, 2,5 cm lang

1 Die vordere Schrittnaht rechts auf rechts schließen. An der Oberkante der Hose einen 5 mm breiten Saum nähen.
2 Eine Kante des hinteren Schritts 5 mm breit nach links umbügeln und die Flauschseite des Klettbands von links auf den Umschlag nähen.
3 Die Hakenseite des Klettbands von rechts entlang der Kante auf die andere Seite des hinteren Schritts nähen.
4 Das übrige Stück der hinteren Schrittnaht unterhalb des Klettbands rechts auf rechts schließen.
5 Die Hosenbeine an den Innenbeinkanten rechts auf rechts zusammennähen.

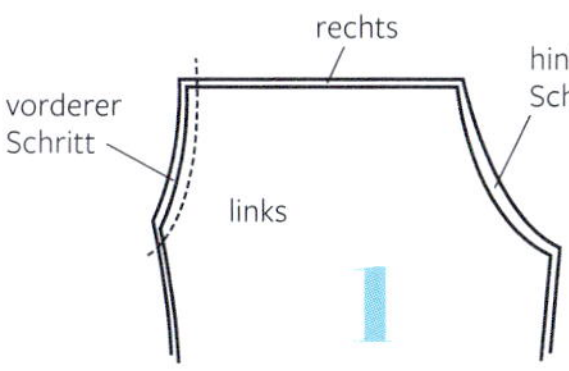

1

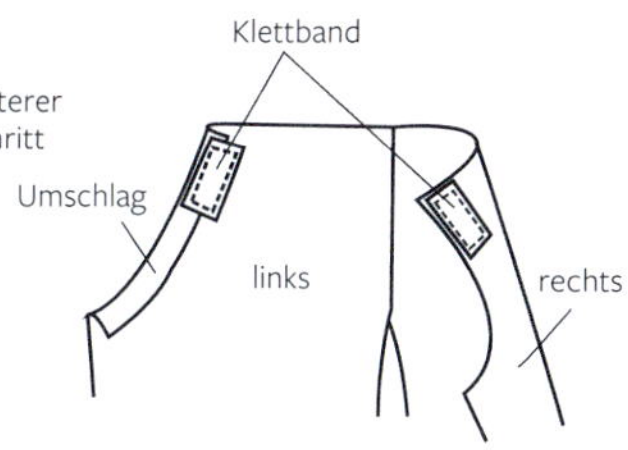

2/3

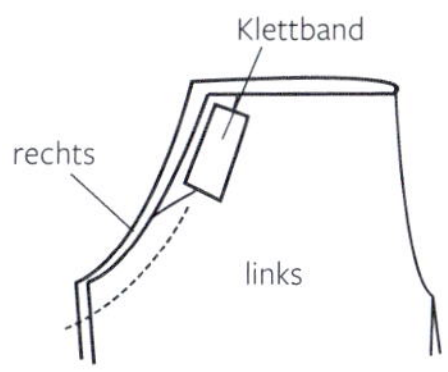

4

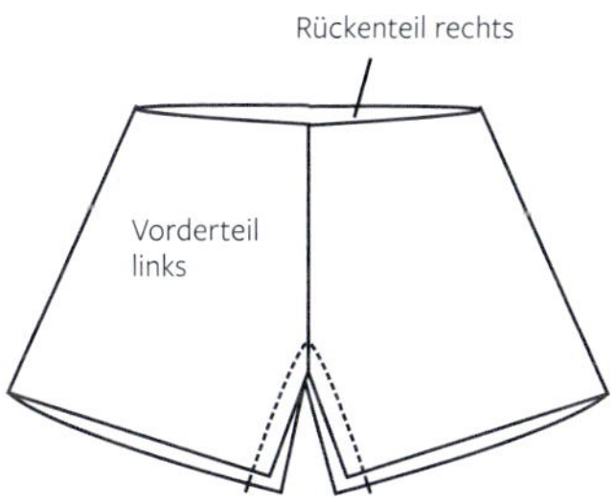

5

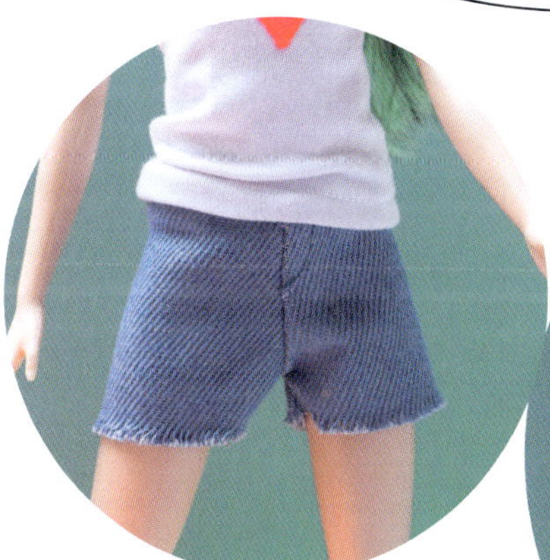

Kappe

Material

• dicht gewebter, feiner Baumwollstoff in Orange (150 cm breit), 5 cm

1 Die fünf Teile der Kappe an den Seiten rechts auf rechts zusammennähen.
2 Die beiden Teile des Schilds an der Rundung rechts auf rechts zusammennähen. Auf rechts wenden.
3 Das Schild rechts auf rechts an die Kappe nähen.
4 An der Unterkante der Kappe einen 5 mm breiten Saum nähen.

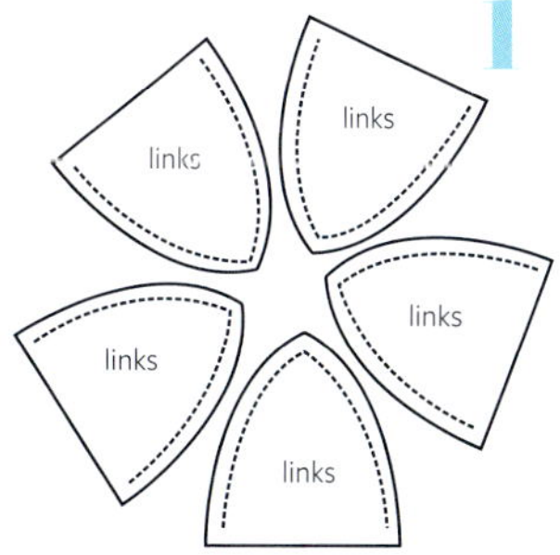

1

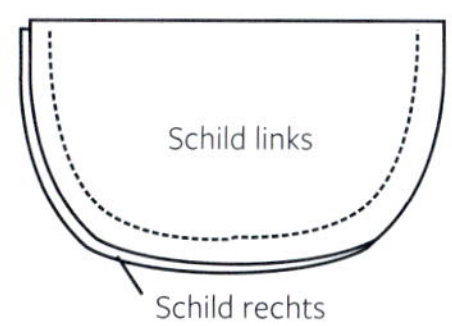

2

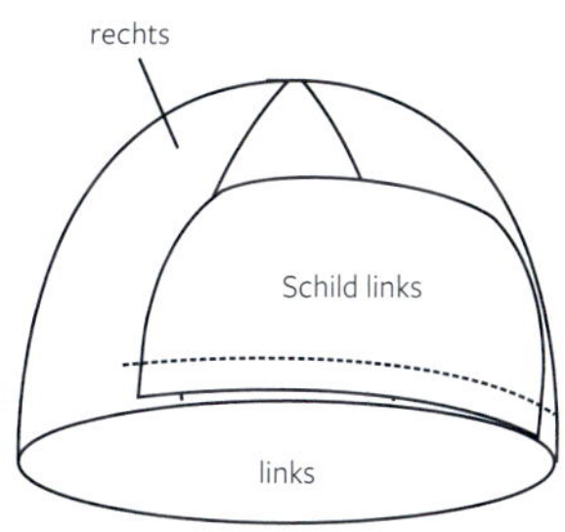

3

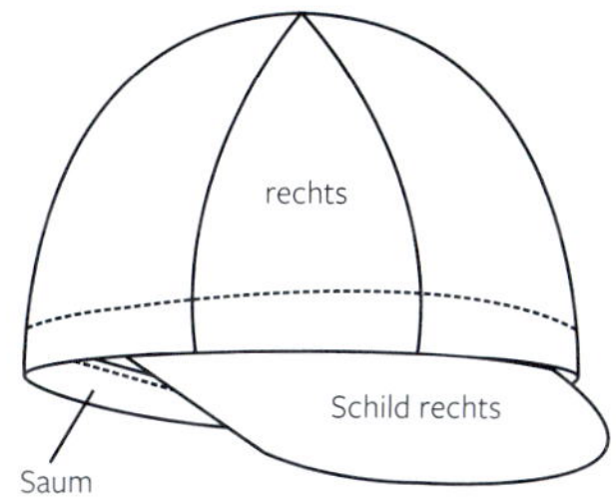

4

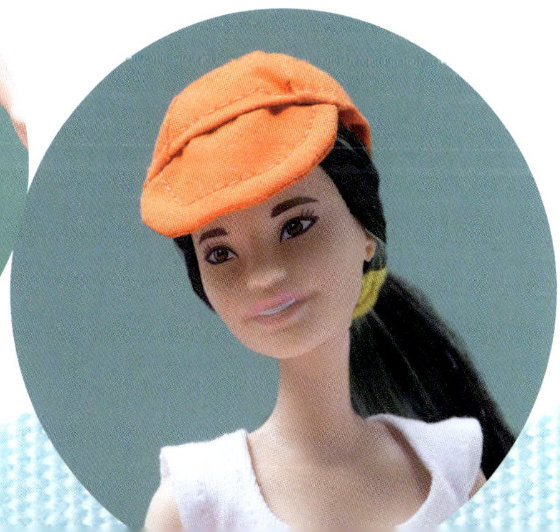

Ken im Sport-Outfit

Während Barbie die Skaterbahn unsicher macht, liefert sich Ken mit seinen Freunden ein heißes Basketballmatch und wirft einen Korb nach dem anderen!

T-Shirt

Material

• Rippjersey in Hellgrau (80 cm breit), 10 cm
Klettband, 1 cm breit, 8 cm lang

1

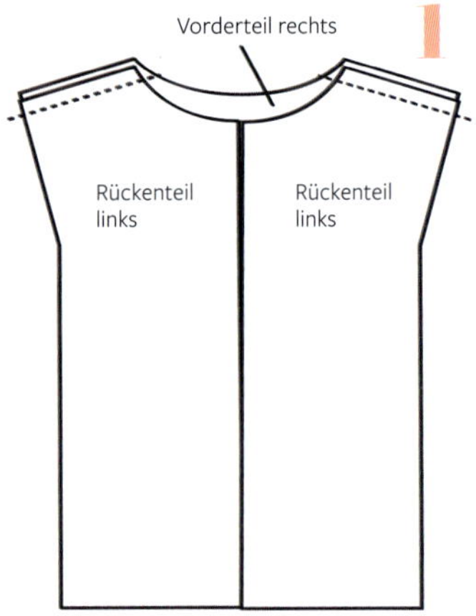

1 Das Vorder- und Rückenteil des T-Shirts an den Schulterkanten rechts auf rechts zusammennähen.
2 Am Halsausschnitt und an den Armausschnitten einen 5 mm breiten Saum nähen.
3 Das Vorder- und Rückenteil an den Seiten rechts auf rechts zusammennähen.
4 An der Unterkante einen 1 cm breiten Saum nähen.
5 Eine Kante der Öffnung am Rücken 5 mm breit nach links umbügeln. Die Flauschseite des Klettbands auf den Umschlag nähen.
6 Die Hakenseite des Klettbands von rechts entlang der Kante auf das andere Rückenteil nähen.

2

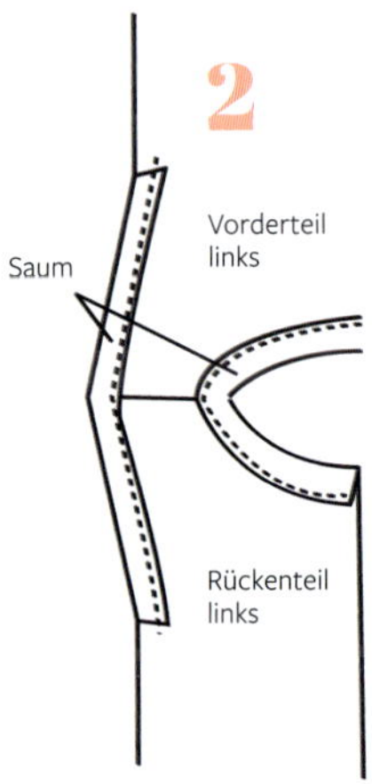

3

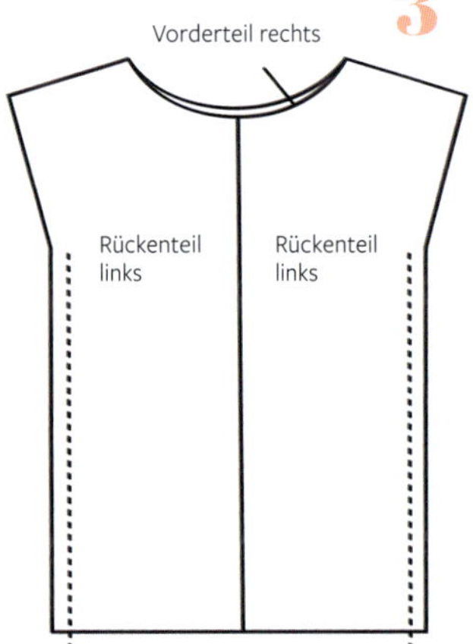

5/6

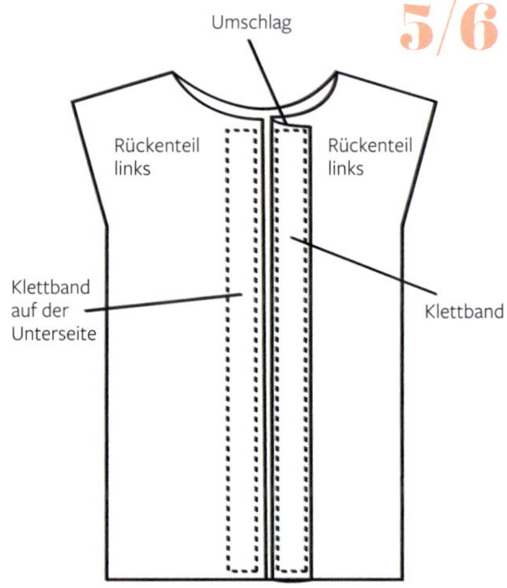

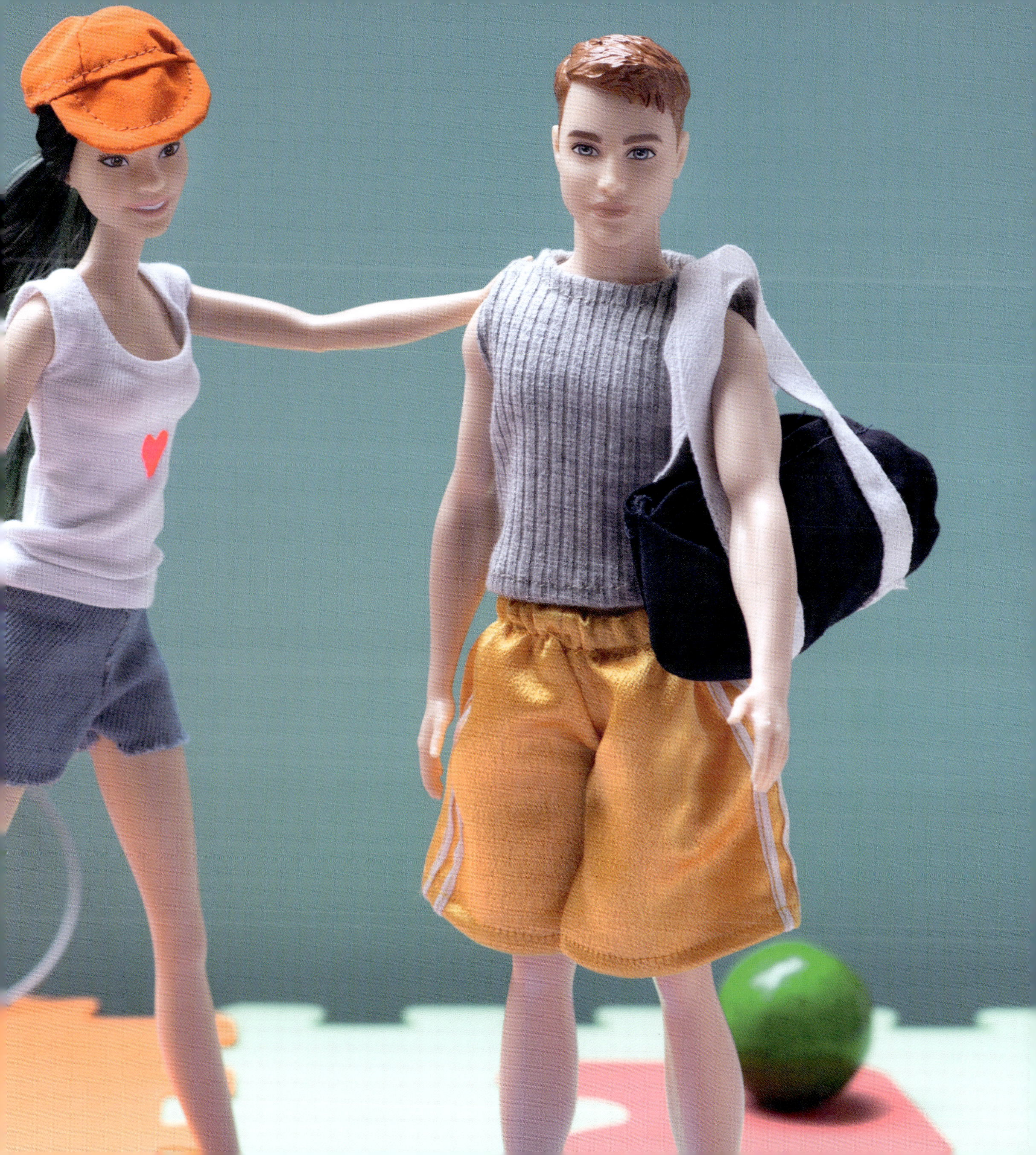

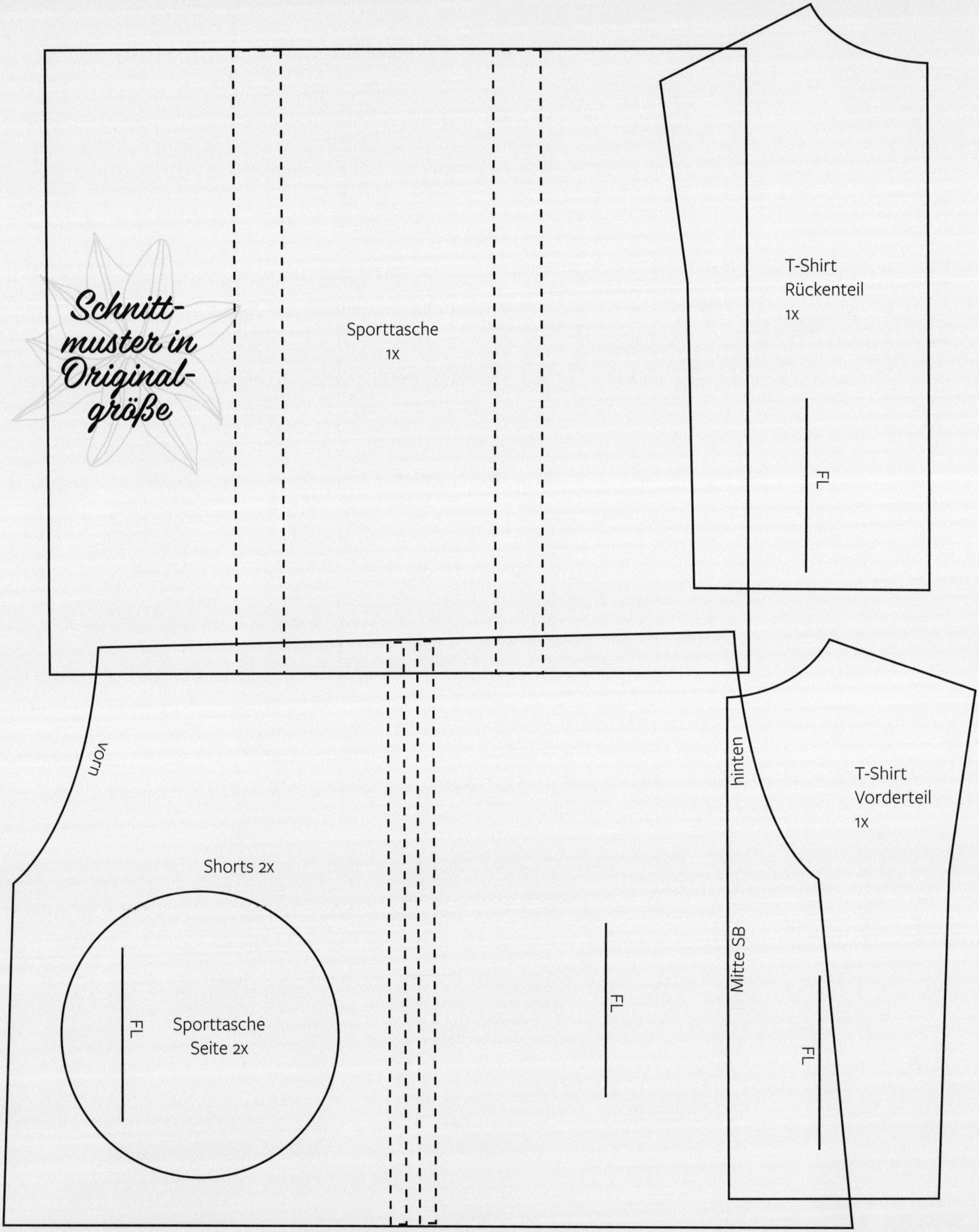

Schnitt-
muster in
Original-
größe
Sporttasche
1X
T-Shirt
Rückenteil
1X
FL
vorn
hinten
T-Shirt
Vorderteil
1X
Shorts 2x
Mitte SB
FL
Sporttasche
Seite 2x
FL
FL

Shorts

Material

• Mikrofaser-Crêpesatin in Goldgelb (150 cm breit), 10 cm • Gummiband, 3 mm breit, 13 cm lang • Satinband in Weiß, 3 mm breit, 30 cm lang

1 Das Satinband in vier gleich lange Stücke schneiden. Auf jedem Hosenbein auf rechts zwei dieser Stücke feststecken und annähen wie unten abgebildet.

2 An beiden Hosenbeinen einen 5 mm breiten Saum nähen.

3 Die vordere sowie die hintere Schrittnaht rechts auf rechts schließen.

4 Die vordere und hintere Hose an den Innenbeinkanten rechts auf rechts zusammennähen.

5 An der Oberkante der Hose einen 5 mm breiten Saum nähen, dabei am Rücken eine 1 cm breite Öffnung lassen.

6 Das Gummiband in den Taillensaum einziehen und die Enden des Gummis zusammennähen. Die Öffnung des Saums zunähen.

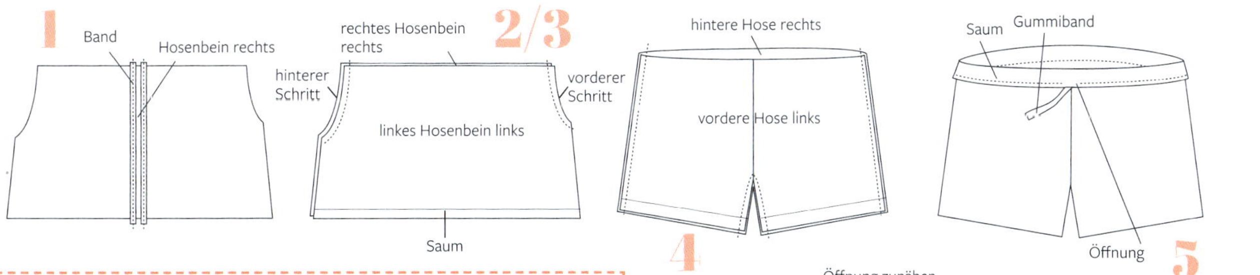

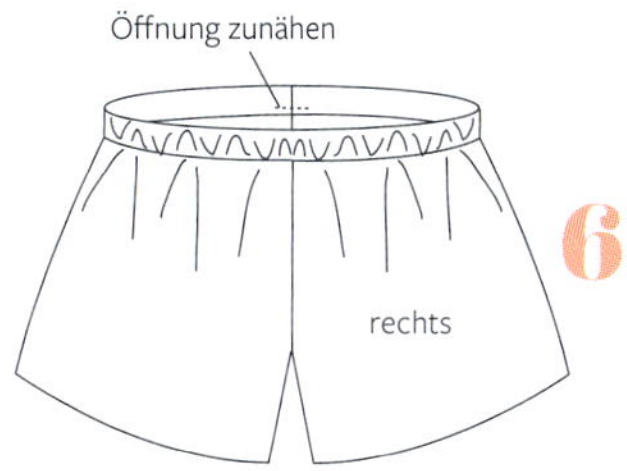

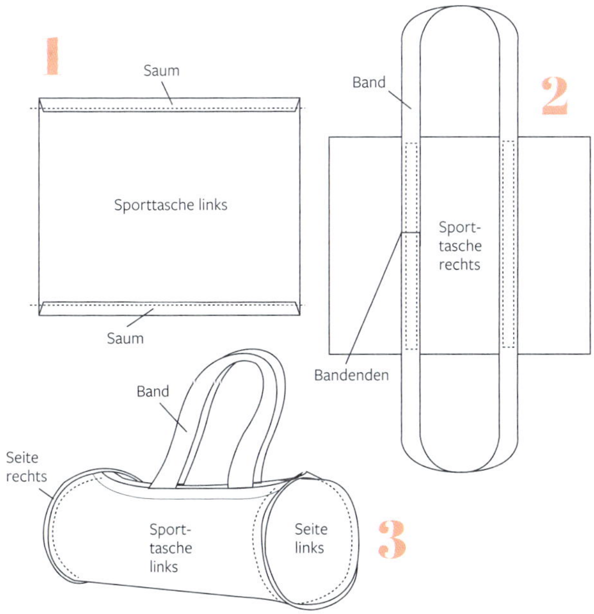

Sporttasche

Material

• Jeansstoff in Marineblau (150 cm breit), 10 cm

• Baumwollband in Weiß, 1 cm breit, 45 cm lang

1 An beiden Längsseiten des rechteckigen Taschenteils einen 5 mm breiten Saum nähen.

2 Das Baumwollband wie links abgebildet gemäß den Schnittmarkierungen auf das Taschenteil stecken und annähen.

3 Die runden Seitenteile rechts auf rechts mit 5 mm Nahtzugabe an die Schmalseiten der Tasche nähen.

Ärztin

Barbie hat sich schon immer um das Wohlergehen anderer gesorgt – Ärztin ist daher genau der richtige Beruf für sie. In ihrem Praxisteam ist sie eindeutig die Beste!

Kleid

Material

• Baumwollstoff Liberty Capel Tana Lawn® in Türkis (136 cm breit), 15 cm • Klettband, 1 cm breit, 8 cm lang

1 Die Kante des Halsausschnitts ringsum mehrmals 3 mm einschneiden.
2 Am Halsausschnitt einen 5 mm breiten Saum nach links umbügeln und festnähen.
3 An beiden Armausschnitten ebenso einen 5 mm breiten Saum nähen.
4 Das Oberteil des Kleids an den Seiten rechts auf rechts zusammennähen.
5 Die Oberkante des Rocks (längere Seite des Schnittteils) auf die Weite der Unterkante des Oberteils einkräuseln.
6 Den Rock an der Taille rechts auf rechts an das Oberteil des Kleids nähen.
7 Eine Kante der Öffnung am Rücken 5 mm breit nach innen umbügeln. Die Flauschseite des Klettbands von links auf den Umschlag nähen.
8 Die Hakenseite des Klettbands von rechts entlang der Kante auf das andere Rückenteil nähen.
9 Die Öffnung am Rücken unterhalb des Klettbands mit 5 mm Nahtzugabe rechts auf rechts zusammennähen.
10 An der Unterkante des Kleids einen 5 mm breiten Saum nähen.

2/3

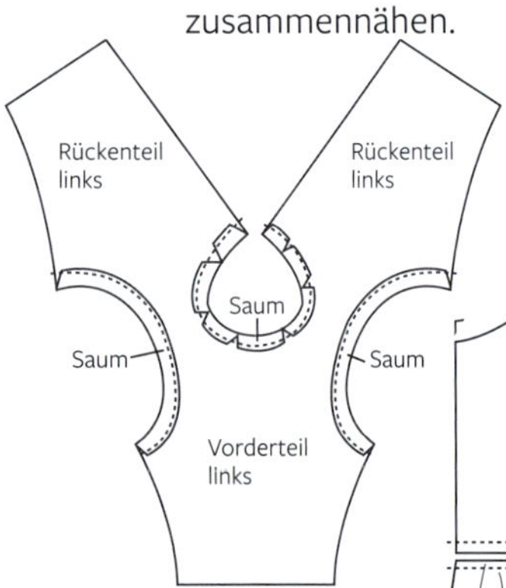

4

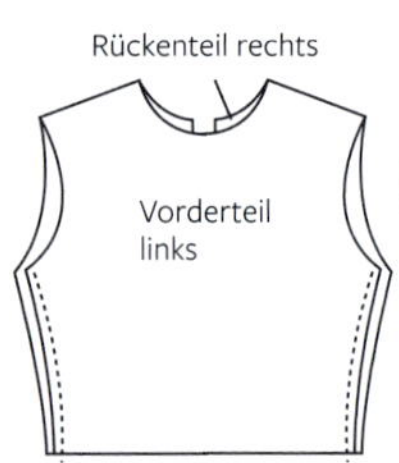

6

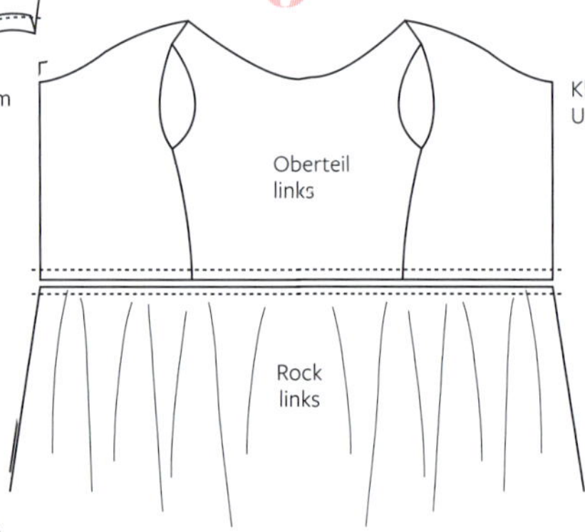

7/8

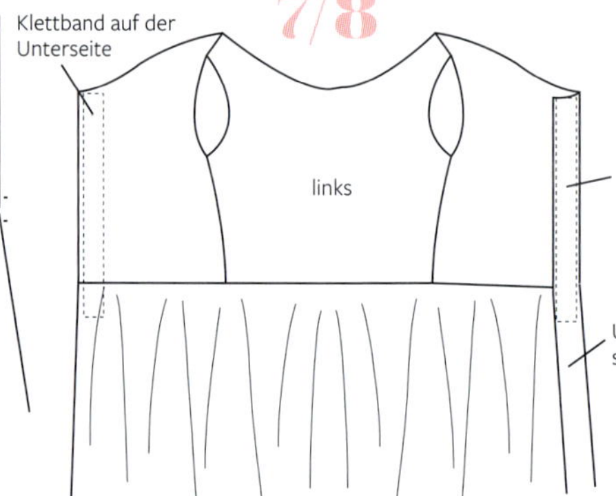

9

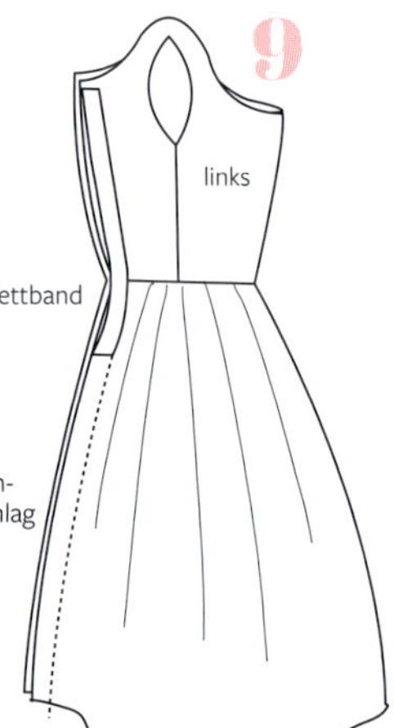

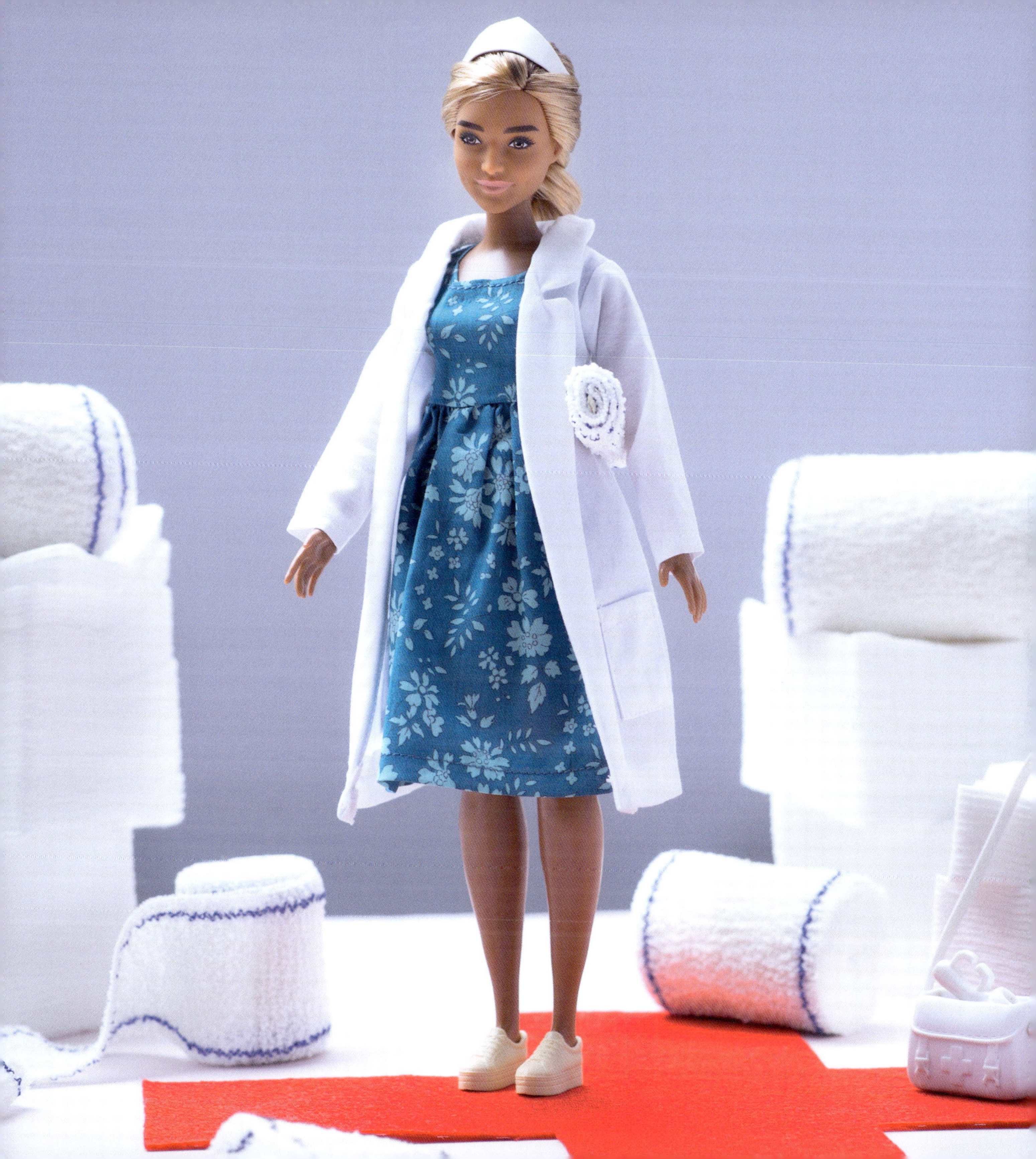

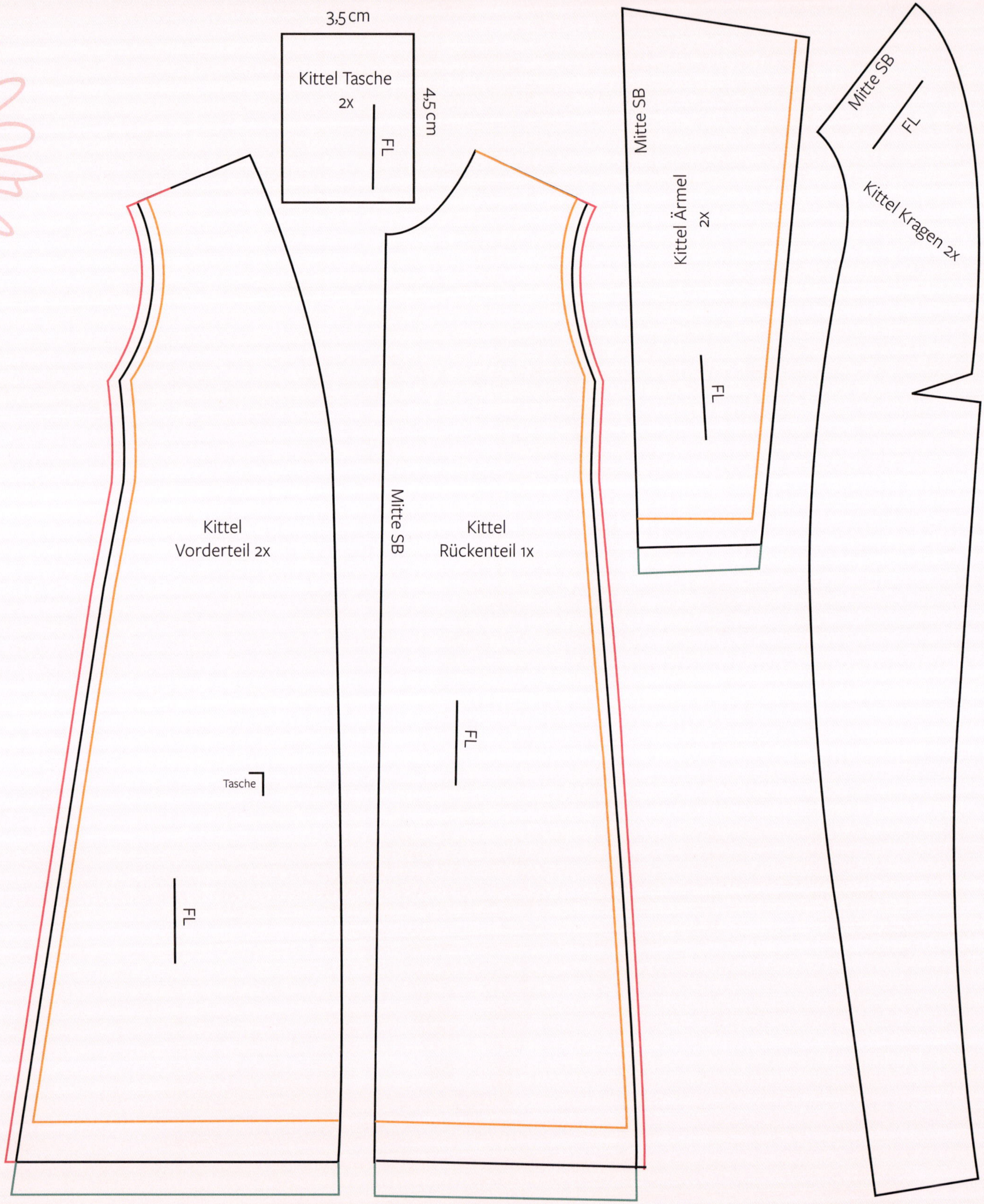
3,5 cm
Kittel Tasche
2x
4,5 cm
FL
Kittel
Vorderteil 2x
Tasche
FL
Mitte SB
Kittel
Rückenteil 1x
FL
Mitte SB
Kittel Ärmel
2x
FL
Mitte SB
FL
Kittel Kragen 2x

Schnittmuster in Originalgröße

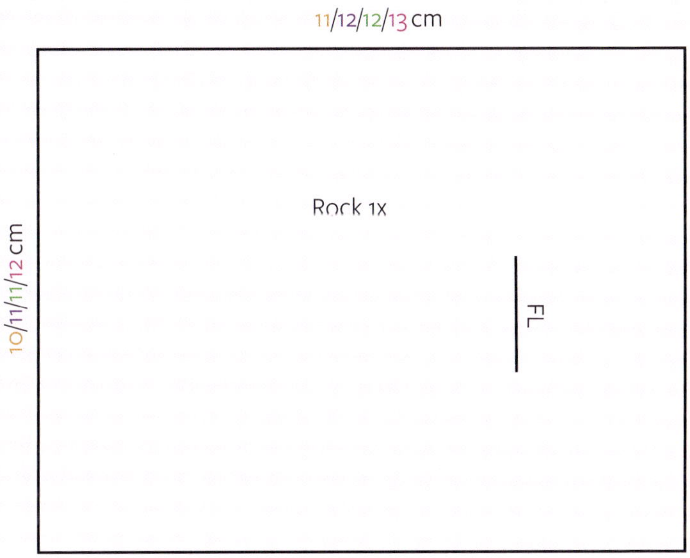

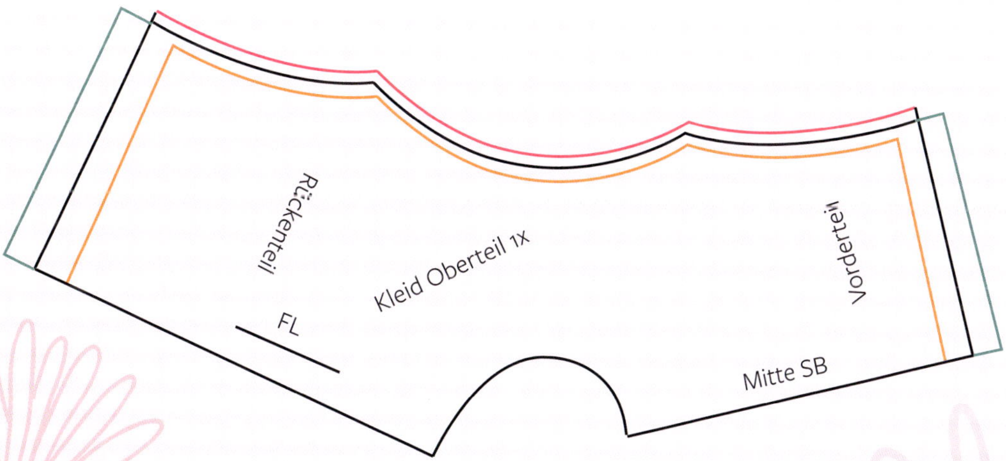

1

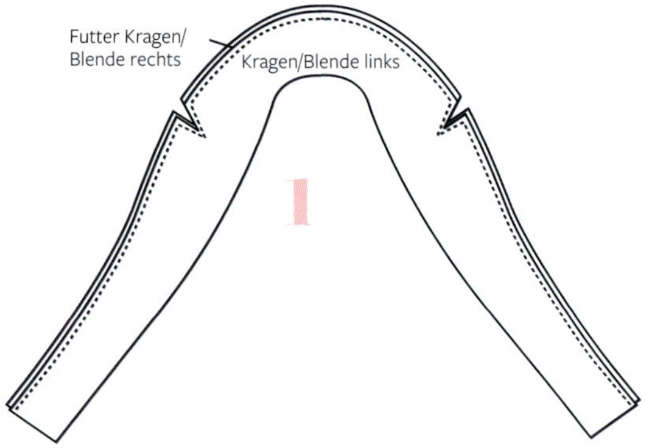

Futter Kragen/
Blende rechts
Kragen/Blende links

2

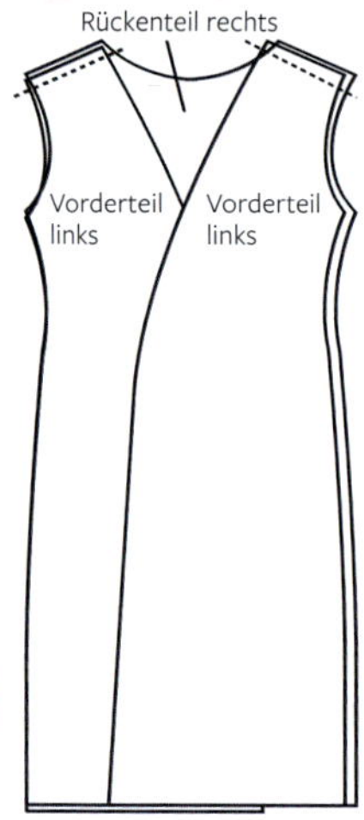

Rückenteil rechts
Vorderteil
links
Vorderteil
links

3

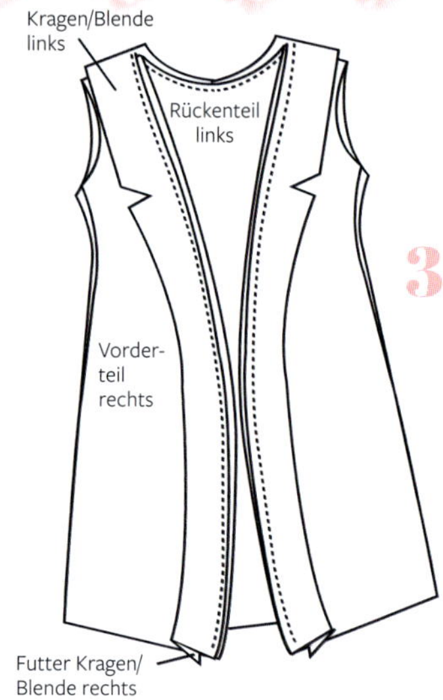

Kragen/Blende
links
Rückenteil
links
Vorder-
teil
rechts
Futter Kragen/
Blende rechts

4

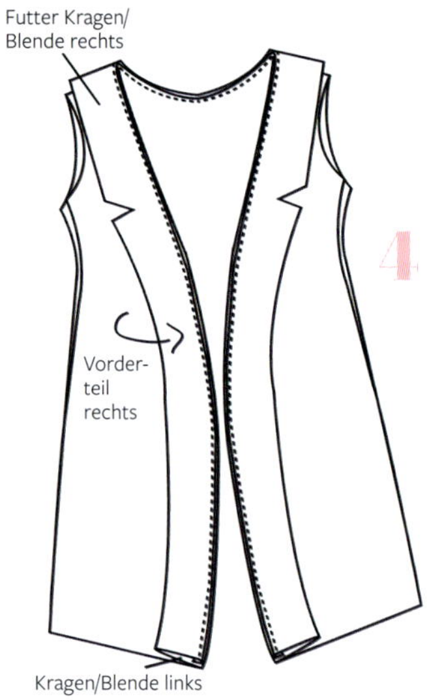

Futter Kragen/
Blende rechts
Vorder-
teil
rechts
Kragen/Blende links

5/6

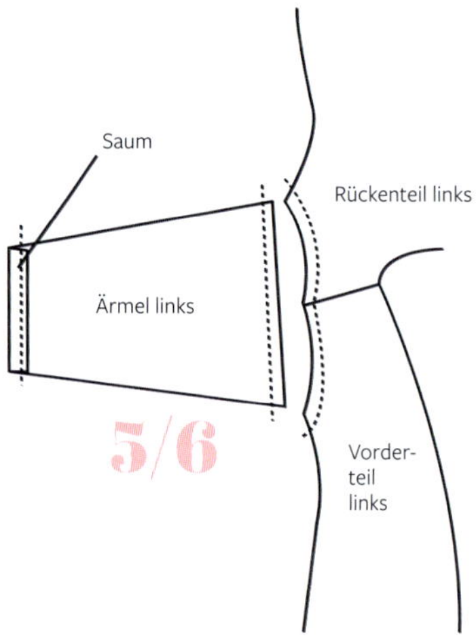

Saum
Rückenteil links
Ärmel links
Vorder-
teil
links

7

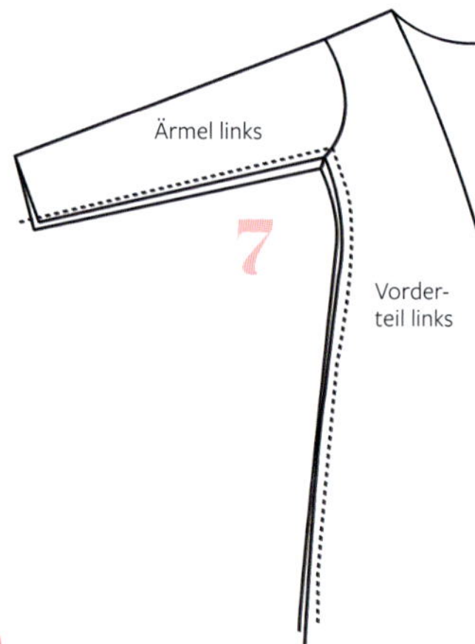

Ärmel links
Vorder-
teil links

10

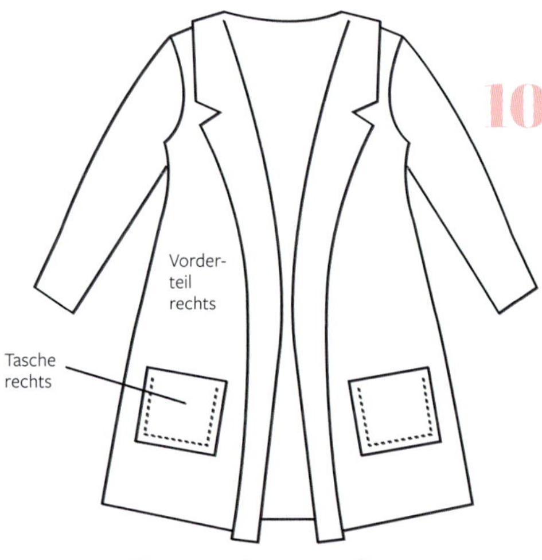

Vorder-
teil
rechts
Tasche
rechts

Kittel

Material

• Baumwollpopeline in Weiß (150 cm breit), 20 cm

1 Den Kragen und sein Futter entlang der Außenkante rechts auf rechts zusammennähen. Nahtzugaben einkerben, auf rechts wenden und bügeln.

2 Die Vorderteile und das Rückenteil an den Schulterkanten rechts auf rechts zusammennähen. Die Nahtzugaben auseinanderbügeln.

3 Die Innenkante des Oberstoffkragens rechts auf rechts an den Halsausschnitt und die Vorderkanten des Kittels nähen.

4 Die offene Kante des Kragenfutters 5 mm breit nach innen umbügeln, das Futter auf den Kragen umschlagen und kantenbündig entlang der bereits genähten Kante festnähen. Bügeln, damit der Kragen und die Blende an ihrem Platz bleiben.

5 An den Ärmeln unten einen 5 mm breiten Saum nähen.

6 Die Ärmel rechts auf rechts in die Armausschnitte nähen.

7 Den Kittel an den Seiten und den Innenärmelkanten rechts auf rechts zusammennähen.

8 An der Unterkante des Kittels einen 5 mm breiten Saum nähen.

9 Alle Kanten beider Taschenteile 5 mm breit nach innen umbügeln. Den Umschlag einer langen Kante als Saum festnähen = Eingriffkante.

10 Die Taschen gemäß Schnittmarkierung von rechts auf die Vorderteile stecken und entlang der umgebügelten Kanten feststeppen.

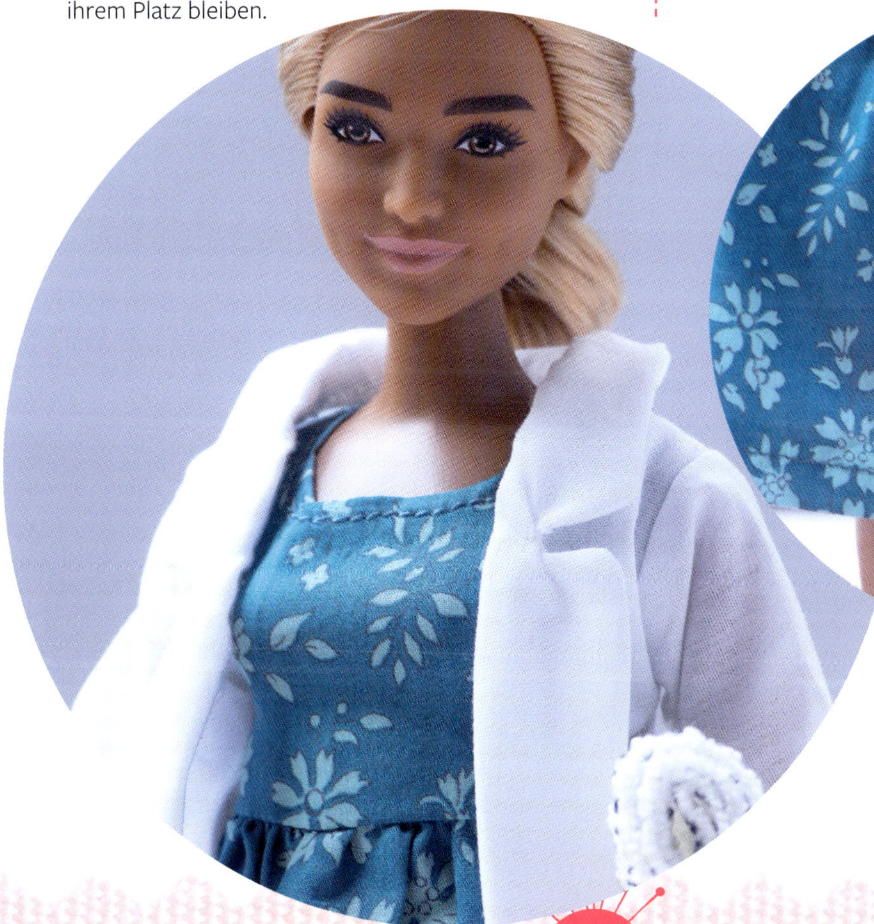

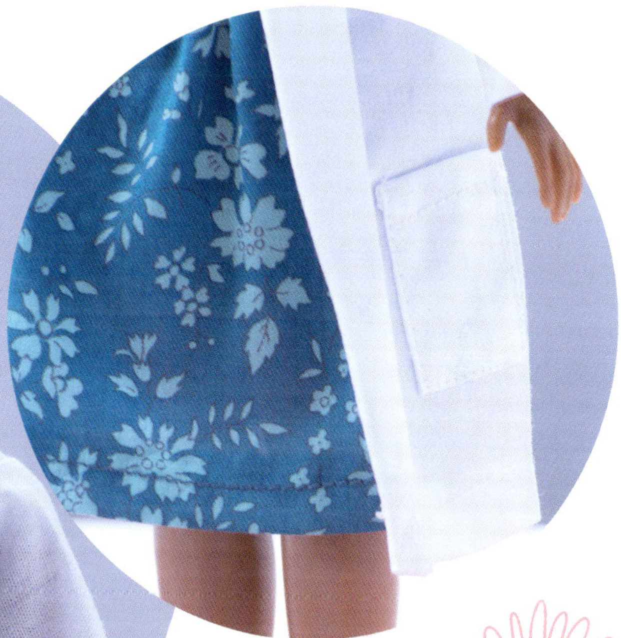

Prinzessin

Elegant wie immer ist Barbie die Schönste auf dem großen Ball des Königreichs. In ihrem langen Kleid mit dem hauchzarten Überrock wirbelt sie herum und zieht alle Blicke auf sich.

Kleid

Material

• Seidenorganza in Fuchsia (140 cm breit), 20 cm • Seide oder Seidenmischung in Korallenrosa (153 cm breit), 20 cm • Klettband, 1 cm breit, 8 cm lang • Satinband in Neonrosa, 3 mm breit, 15 cm lang • Silberfarbene Posamentenborte, 8 mm breit, 8 cm lang

1

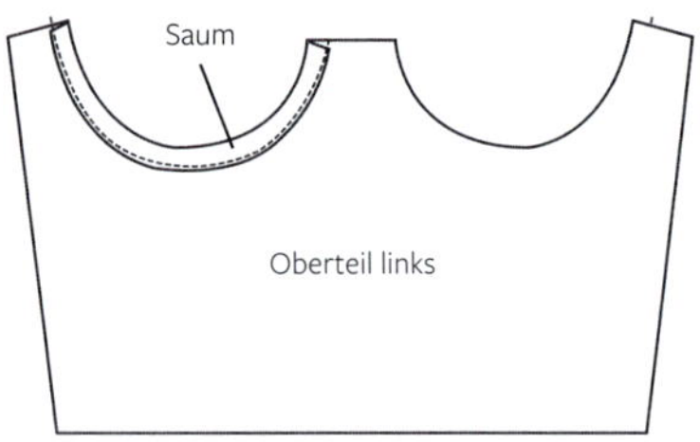

1 An beiden Armausschnitten einen 5 mm breiten Saum nähen.
2 Das Vorder- und Rückenteil des Rocks an den Seiten rechts auf rechts zusammennähen.
3 Das Vorderteil und die Rückenteile des Überrocks aus Organza an den Seiten rechts auf rechts zusammennähen.
4 Den Überrock über den Rock ziehen und beide Röcke an der Oberkante mit 5 mm Nahtzugabe zusammennähen.
5 Die Oberkante des Rocks rechts auf rechts an die Unterkante des Oberteils nähen.

(Fortsetzung Seite 39)

2

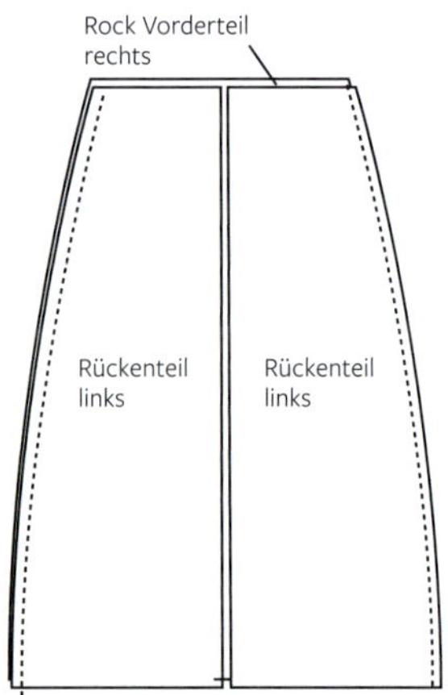

4

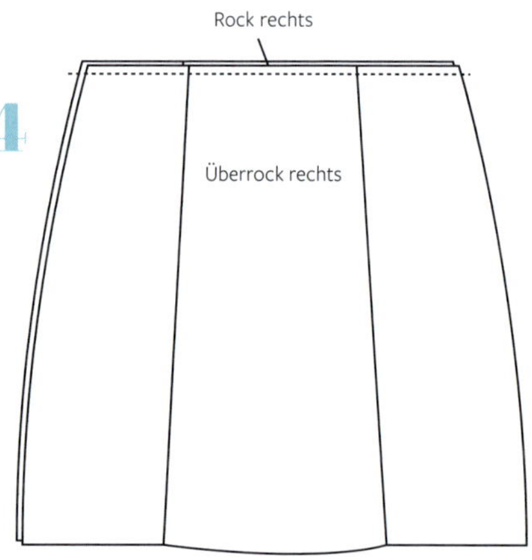

5

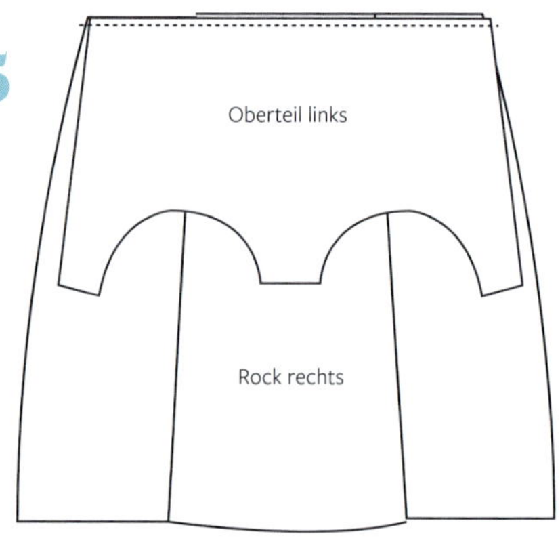

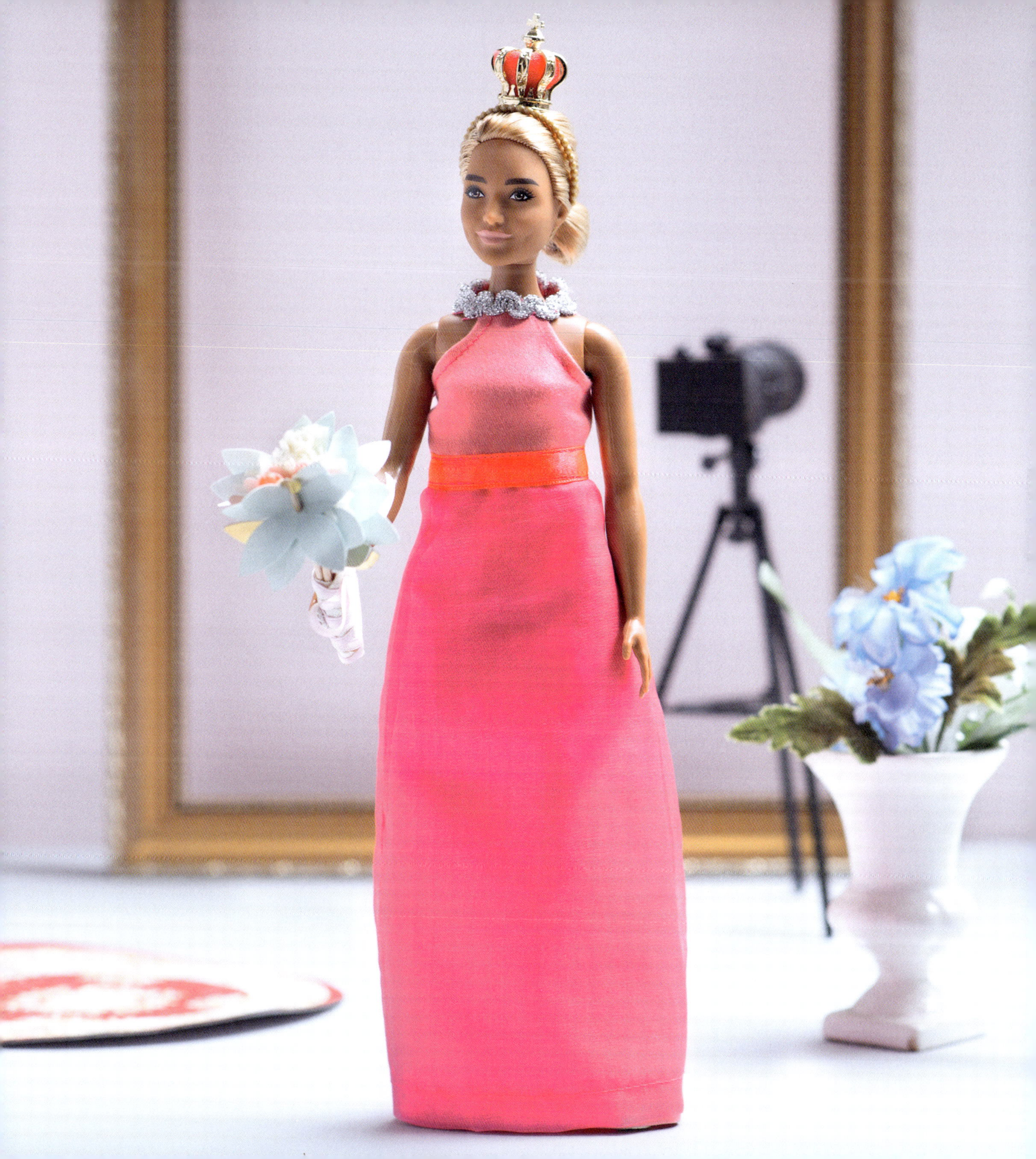

Schnittmuster in Originalgröße

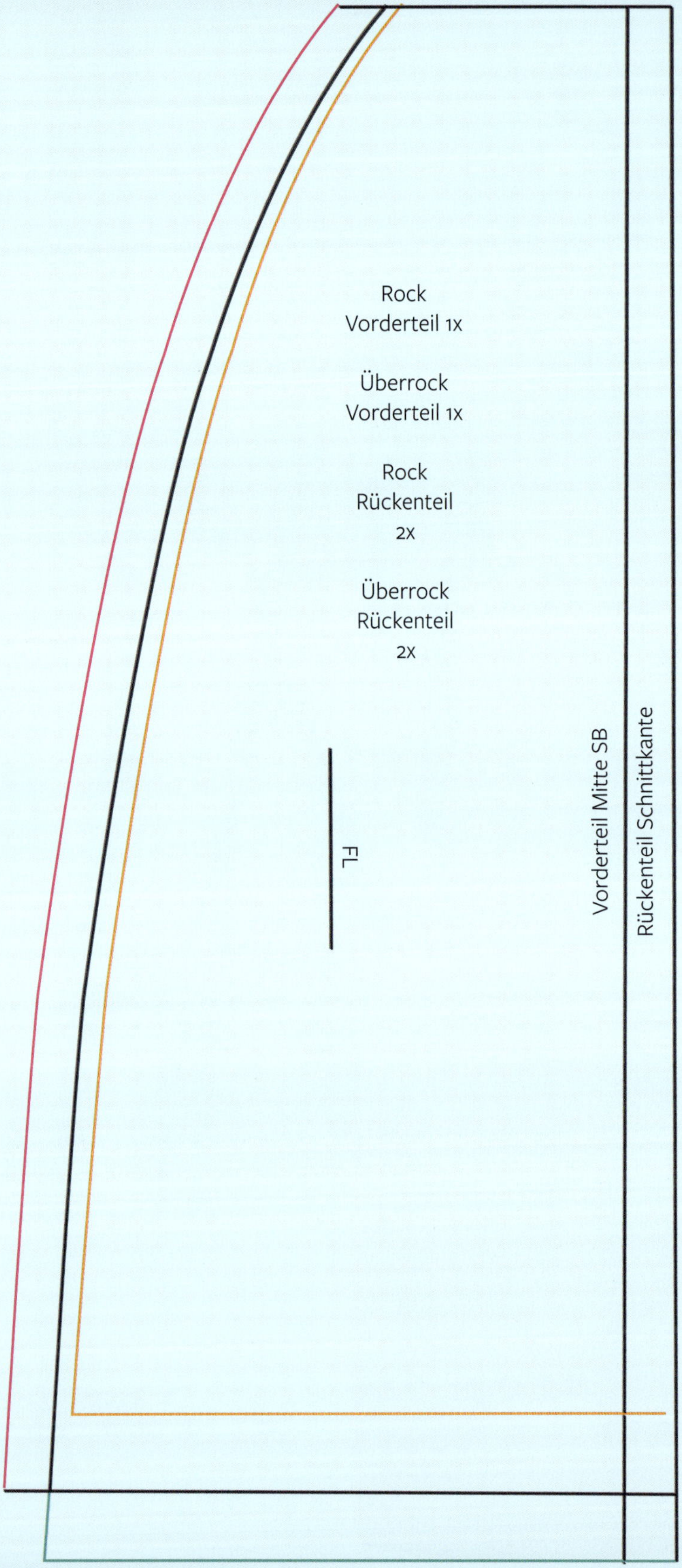

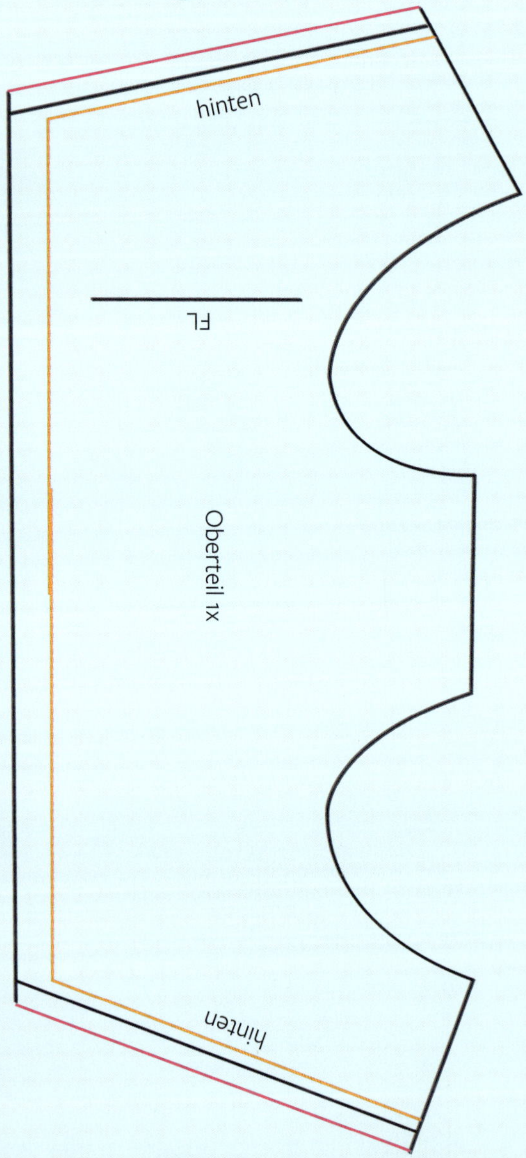

6 Das Satinband von rechts auf die Taillennaht des Kleids stecken und an beiden Längskanten aufsteppen.
7 An der Unterkante des Rocks und des Überrocks jeweils einen 5 mm breiten Saum nähen.
8 Die Posamentenborte oben am Kleid feststecken und annähen wie unten abgebildet.
9 Eine Kante der Öffnung am Rücken 5 mm breit nach innen umbügeln. Die Flauschseite des Klettbands oben beginnend auf den Umschlag nähen.
10 Die Hakenseite des Klettbands von rechts entlang der Kante auf das andere Rückenteil nähen.
11 Die Öffnung am Rücken unterhalb des Klettbands mit 5 mm Nahtzugabe rechts auf rechts zusammennähen.

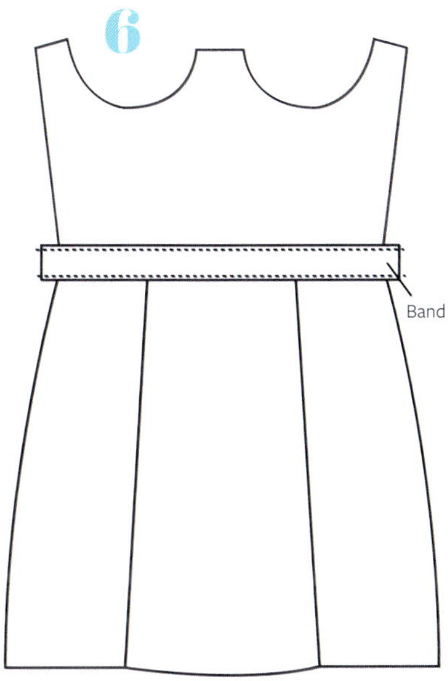

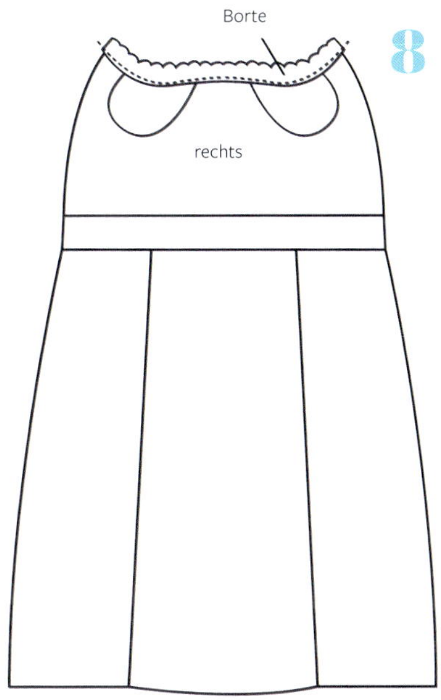

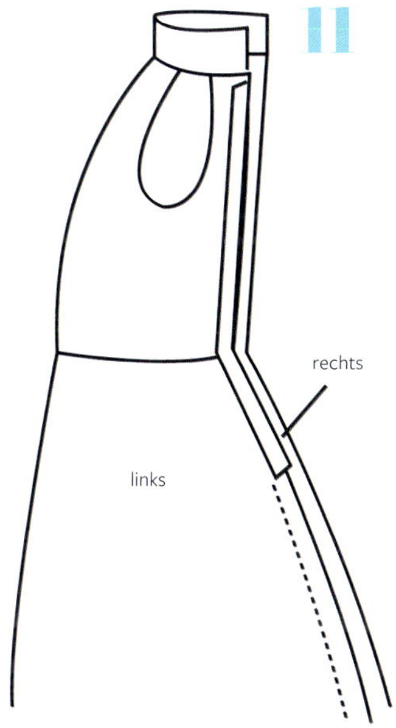

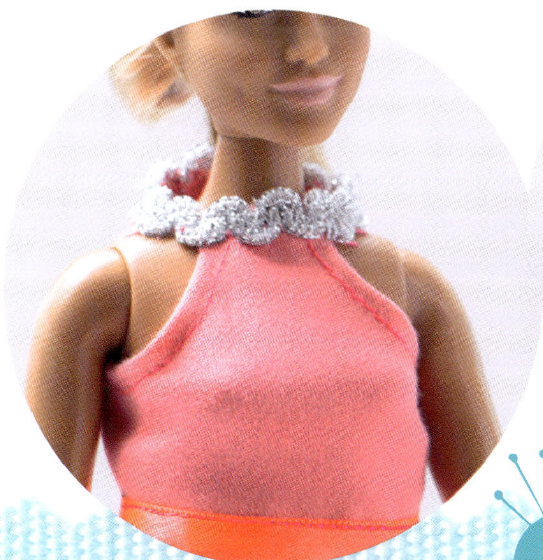

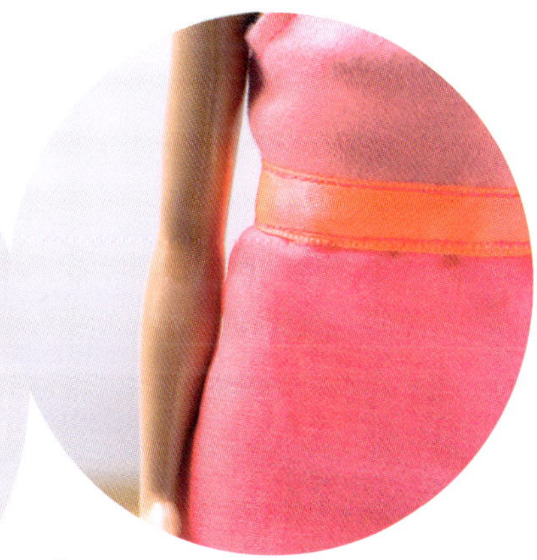

Ken als Prinz

In seinem traumhaften Anzug sieht Ken wirklich aus wie ein Märchenprinz. So ist er perfekt gekleidet, um Barbie zum Ball zu begleiten.

Jacke

Material

• Stretch-Duchessesatin in Saphirblau (105 cm breit), 20 cm • Posamentenborte in Gold, 8 mm breit, 12 cm lang • Satinband in Gold, 1 cm breit, 20 cm lang • Klettband, 1 cm breit, 12 cm lang

1

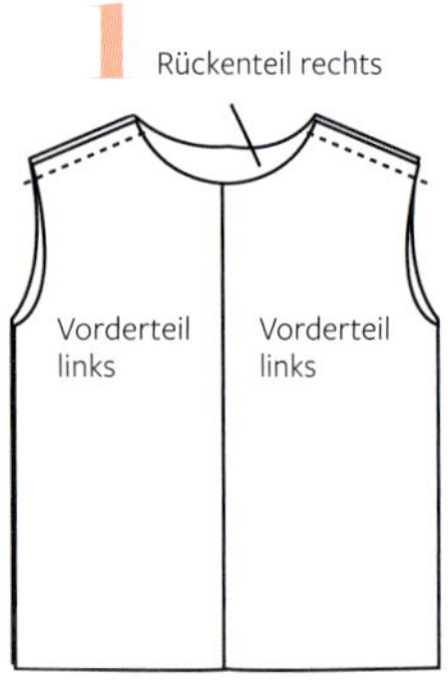

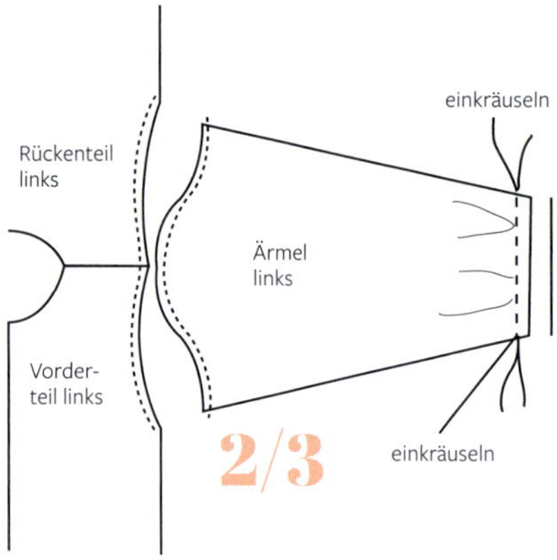

2/3

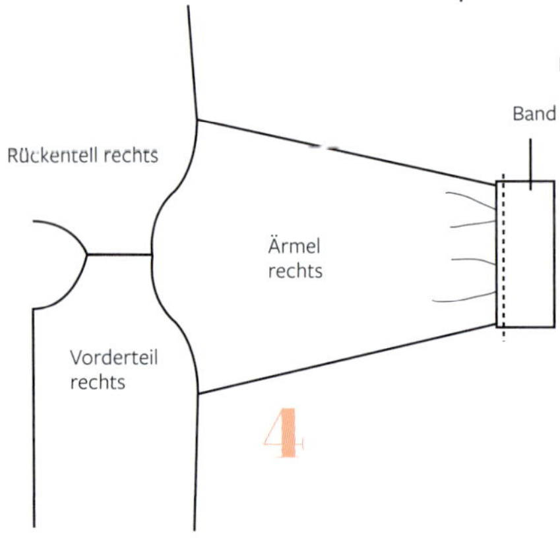

4

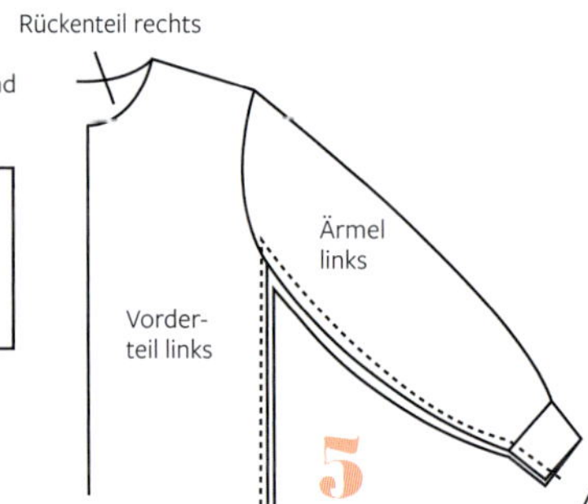

5

6

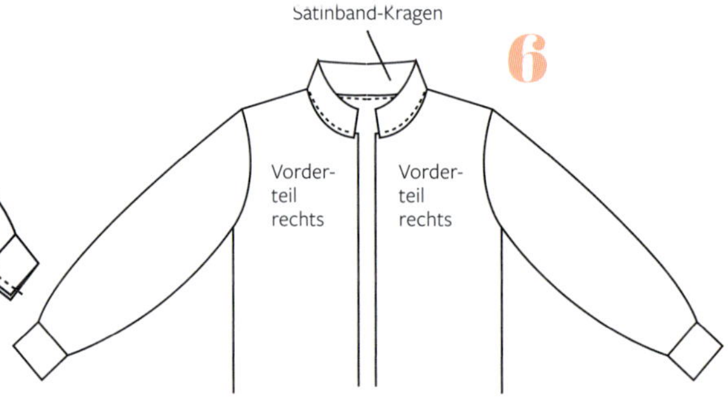

1 Die Vorderteile und das Rückenteil an den Schulterkanten rechts auf rechts zusammennähen.

2 Die Ärmel rechts auf rechts in die Armausschnitte nähen.

3 Die Unterkante der Ärmel auf jeweils 4 cm Breite einkräuseln.

4 Zwei 5 cm lange Stücke Satinband abschneiden und jeweils eines dieser Stücke auf die gekräuselte Unterkante der Ärmel steppen.

5 Die Vorderteile und das Rückenteil an den Seiten sowie die Ärmelinnenkanten rechts auf rechts zusammennähen.

6 Das übrige Stück Satinband rings um den Halsausschnitt aufnähen. (Fortsetzung Seite 43)

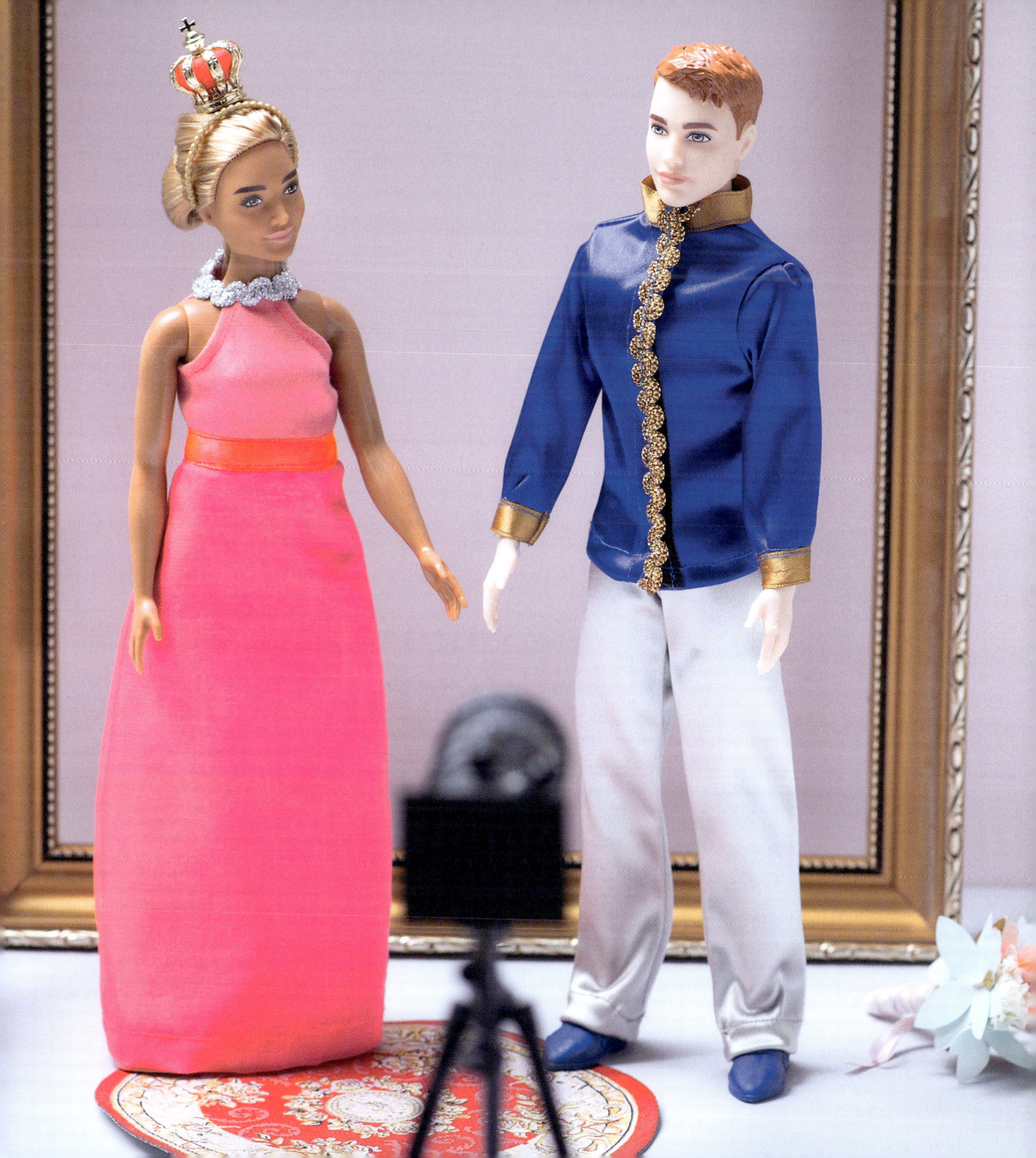

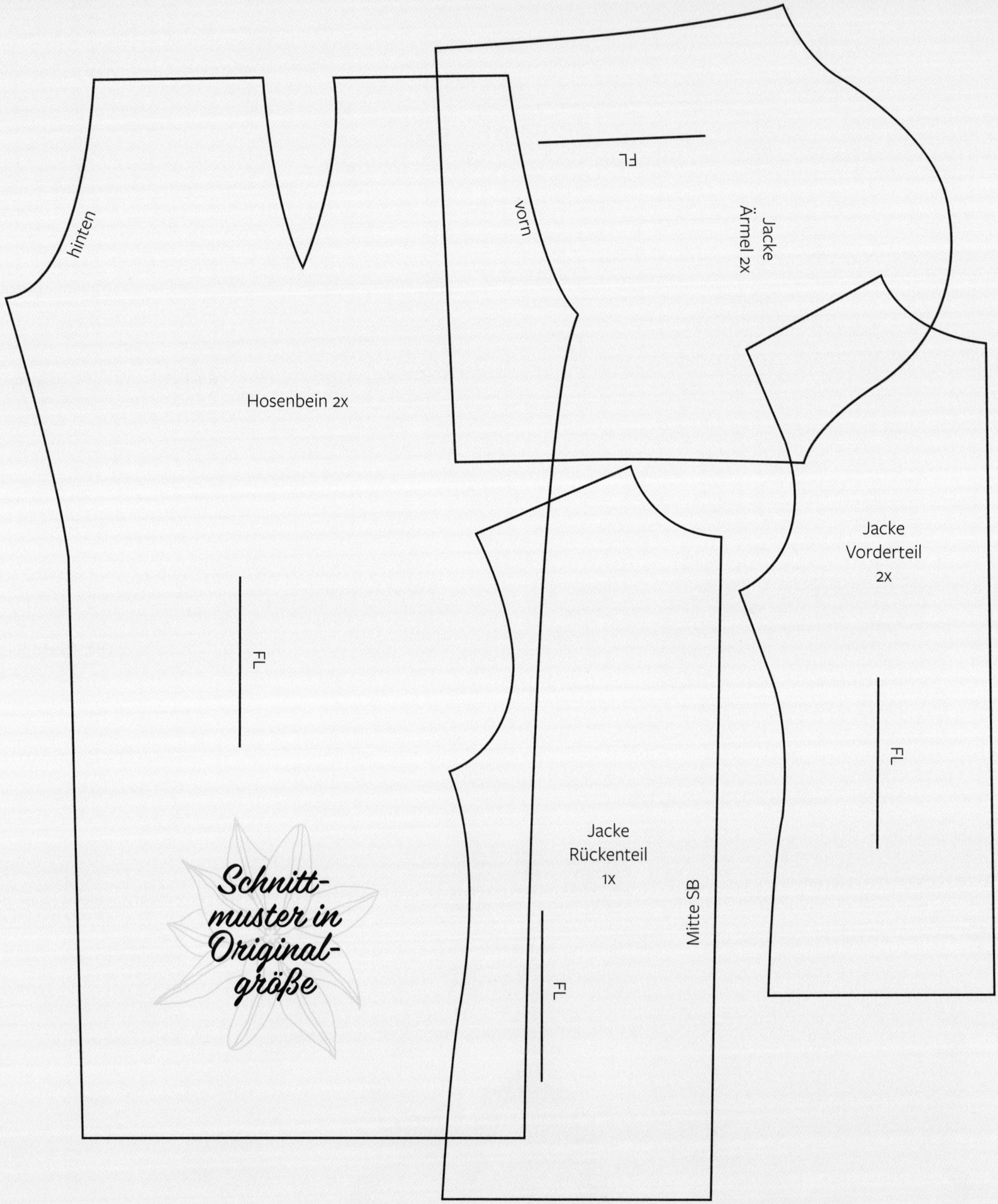
hinten
vorn
FL
Jacke
Ärmel 2x
Hosenbein 2x
FL
Jacke
Vorderteil
2x
FL
Jacke
Rückenteil
1x
Mitte SB
FL
Schnitt-
muster in
Original-
größe

7 An der Unterkante der Jacke einen 5 mm breiten Saum nähen.
8 Die Kante eines Vorderteils 5 mm breit nach innen umbügeln. Die Flauschseite des Klettbands auf den Umschlag nähen.
9 Die Hakenseite des Klettbands von rechts entlang der Kante des anderen Vorderteils aufnähen.
10 Die Borte von rechts entlang des Obertritts (obenliegende Kante des Vorderteils) feststecken und aufnähen.

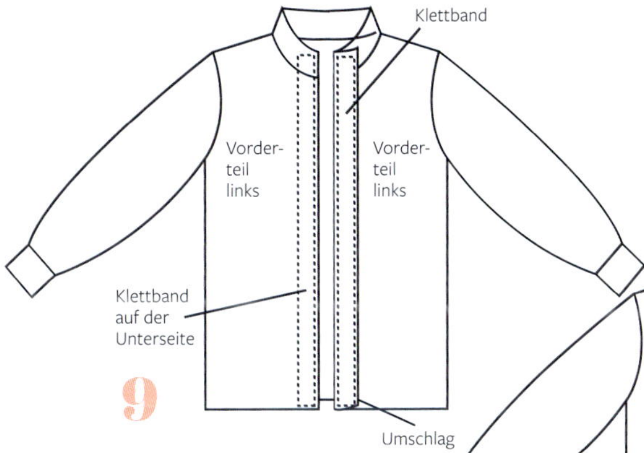

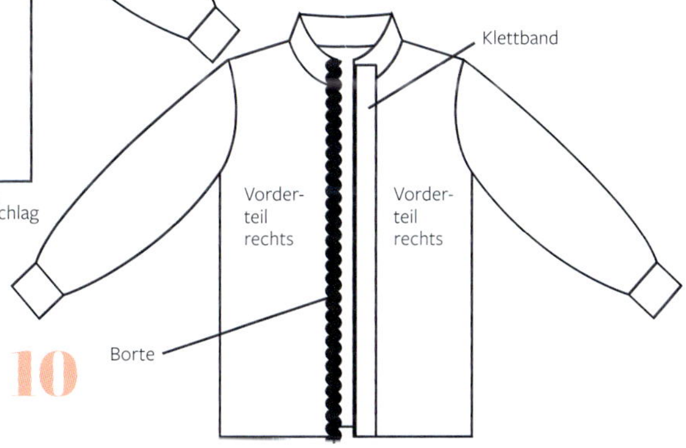

Hose

Material
• Stretch-Duchessesatin in Perlgrau (105 cm breit), 20 cm • Klettband, 1 cm breit, 3 cm lang

1 Die vorderen Schrittkanten rechts auf rechts zusammennähen. An der Oberkante der Hose einen 5 mm breiten Saum nähen.
2 Eine Kante des hinteren Schritts 5 mm breit nach innen umbügeln und die Flauschseite des Klettbands von links auf den Umschlag nähen.
3 Die Hakenseite des Klettbands von rechts entlang der Kante auf die andere Seite des hinteren Schritts nähen.
4 Das übrige Stück des hinteren Schritts unterhalb des Klettbands rechts auf rechts zusammennähen.
5 An beiden Hosenbeinen einen 5 mm breiten Saum nähen.
6 Die Hosenbeine an den Innenbeinkanten rechts auf rechts zusammennähen.

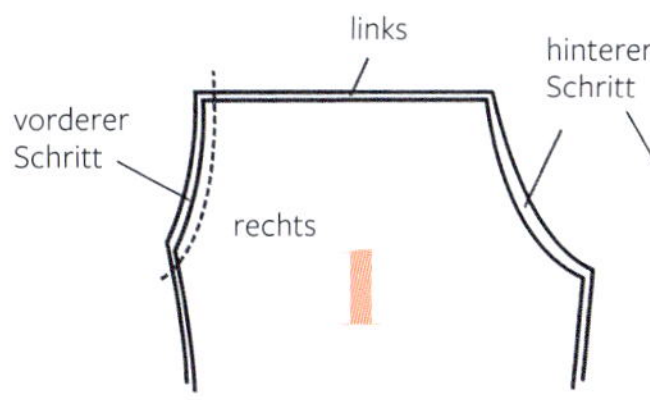

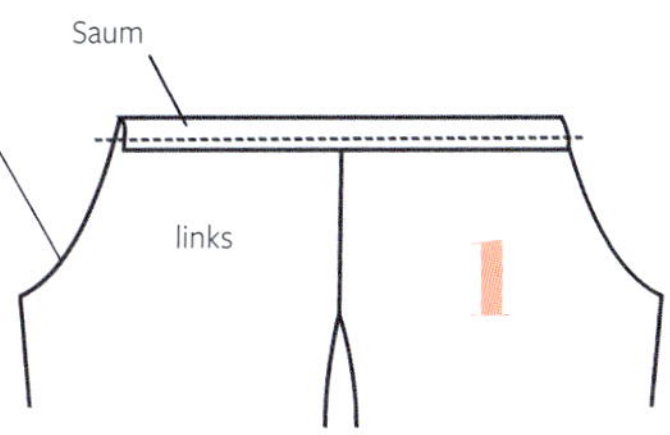

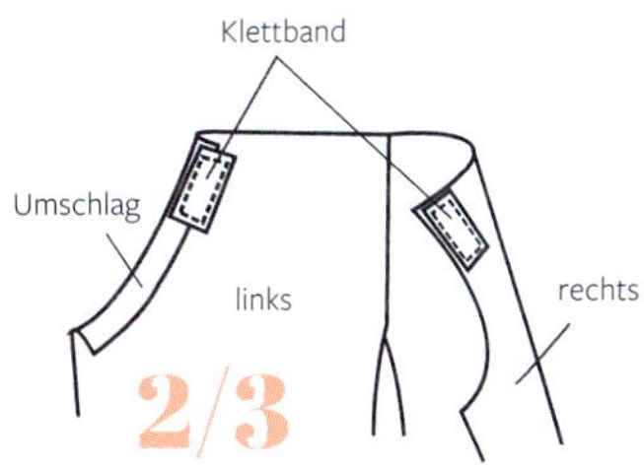

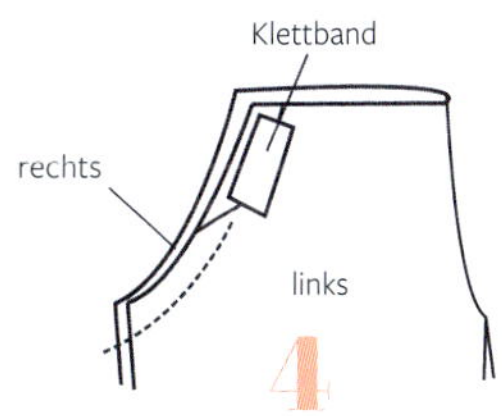

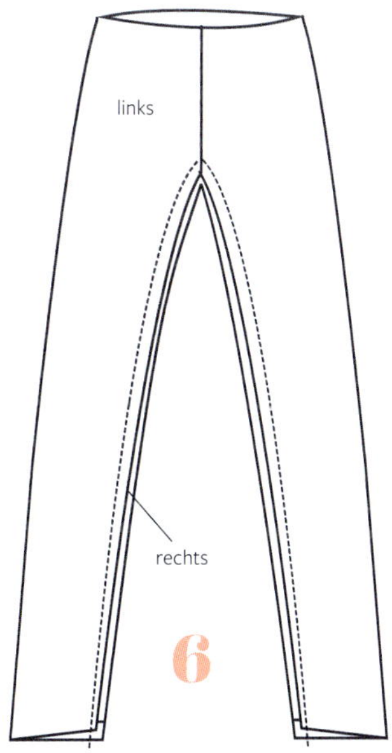

Studentin

In ihrem knallroten geblümten Rock macht Barbie die ersten Schritte ins Studium.

Bluse

Material

• Baumwollpopeline in Weiß (140 cm breit), 20 cm • Klettband, 1 cm breit, 8 cm lang

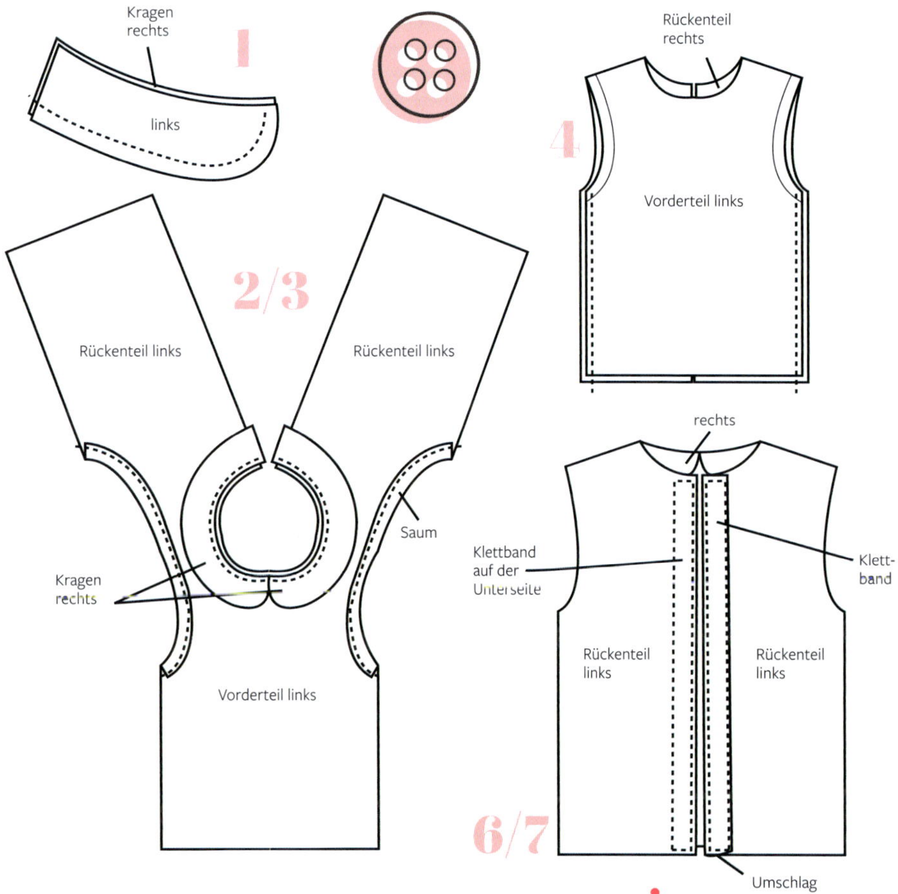

1 Die beiden Teile jeder Kragenhälfte an der Außenkante rechts auf rechts zusammennähen. Die Nahtzugaben knapp zurückschneiden, dann beide Kragenhälften auf rechts wenden.

2 Beide Kragenteile rechts auf links an die Bluse stecken und annähen wie links abgebildet. Den Kragen auf die rechte Seite der Bluse umschlagen und im Nahtbruch bügeln.

3 An beiden Armausschnitten einen 5 mm breiten Saum nähen.

4 Das Vorderteil und die Rückenteile an den Seiten rechts auf rechts zusammennähen.

5 An der Unterkante der Bluse einen 5 mm breiten Saum nähen.

6 Eine Kante der Öffnung am Rücken 5 mm breit nach innen umbügeln. Die Flauschseite des Klettbands auf den Umschlag nähen.

7 Die Hakenseite des Klettbands von rechts entlang der Kante auf das andere Rückenteil nähen.

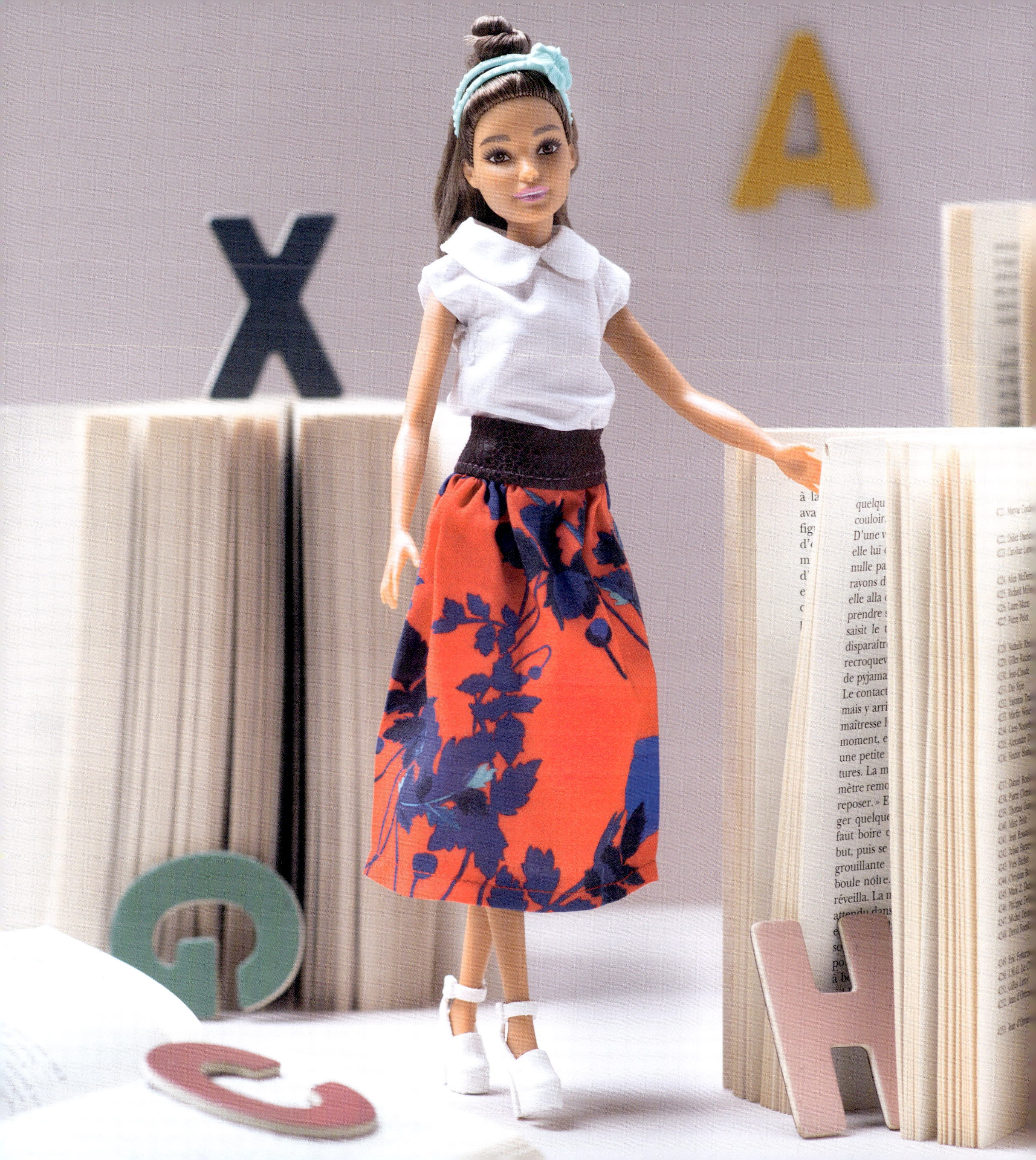

Schnittmuster in Originalgröße

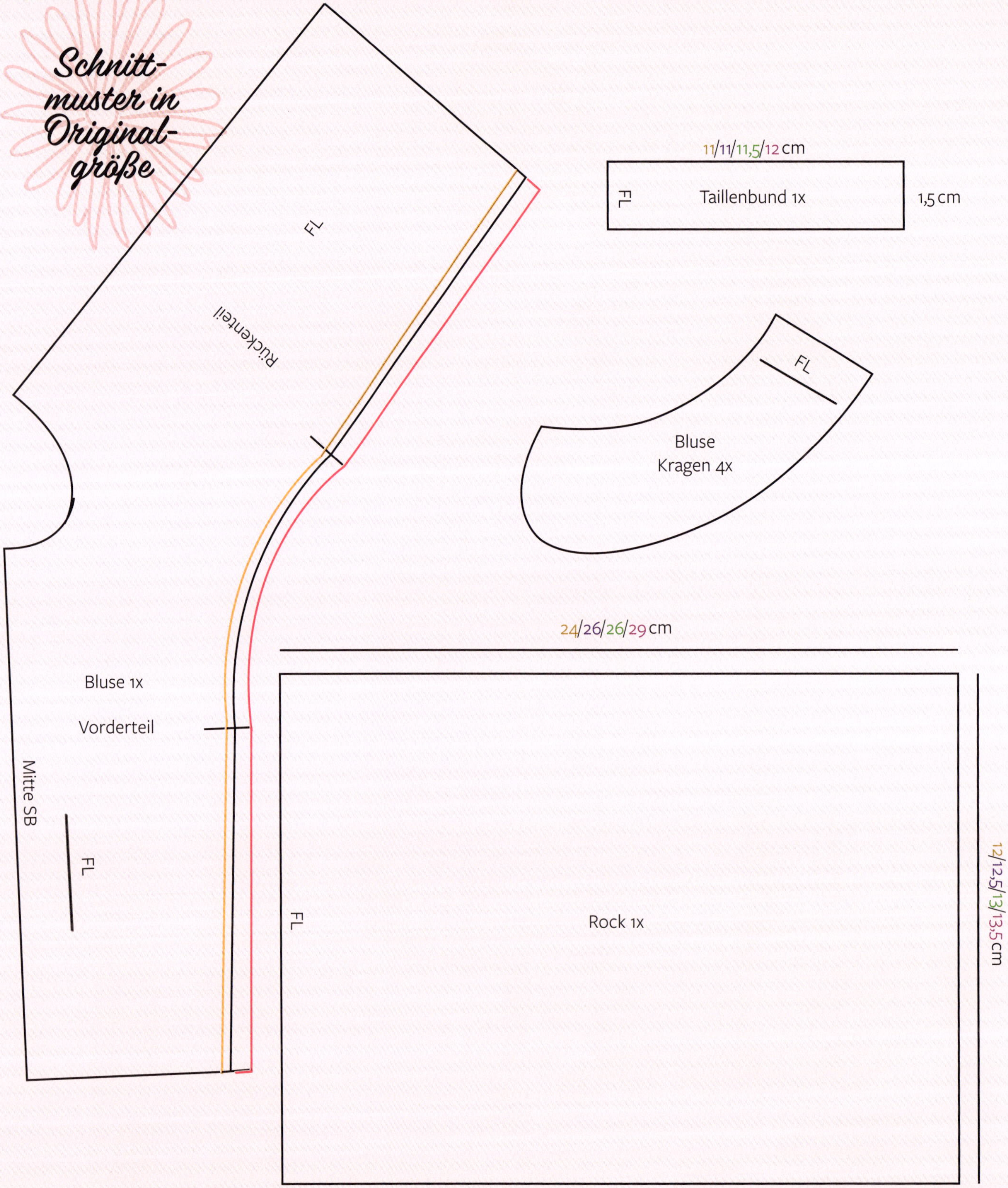

Rock

Material

• gemusterte Viskosewebware (140 cm breit), 15 cm • Kunstleder in Pflaumenblau, 8 cm x 2 cm • Klettband, 1 cm breit, 4 cm lang

1 Eine der längeren Kanten des Rockteils auf die Breite des Taillenbunds einkräuseln.

2 Eine Längskante des Taillenbunds links auf rechts an die eingekräuselte Kante des Rocks nähen.

3 Eine Kante der Öffnung am Rücken 5 mm breit nach innen umbügeln. Die Flauschseite des Klettbands oben beginnend auf den Umschlag nähen.

4 Die Hakenseite des Klettbands von rechts entlang der Kante auf das andere Rückenteil nähen.

5 Die Öffnung des Rocks unterhalb des Klettbands rechts auf rechts zusammennähen.

6 An der Unterkante des Rocks einen 5 mm breiten Saum nähen.

1

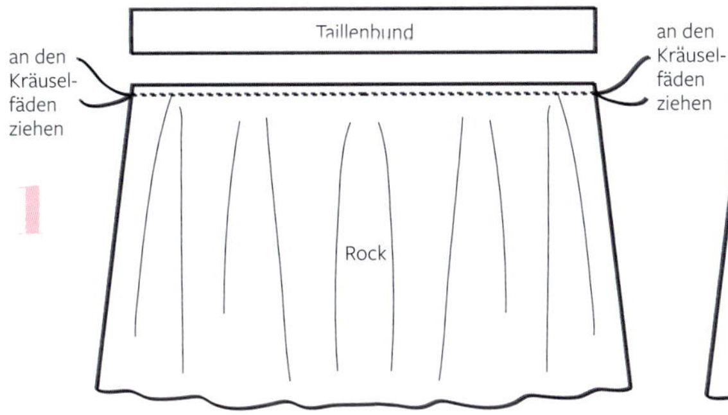

2

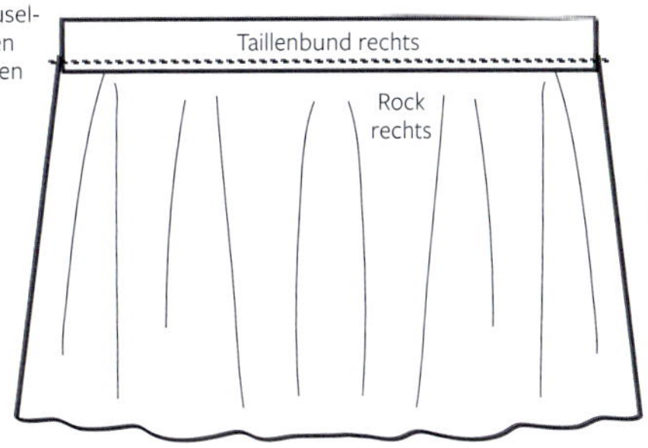

3/4

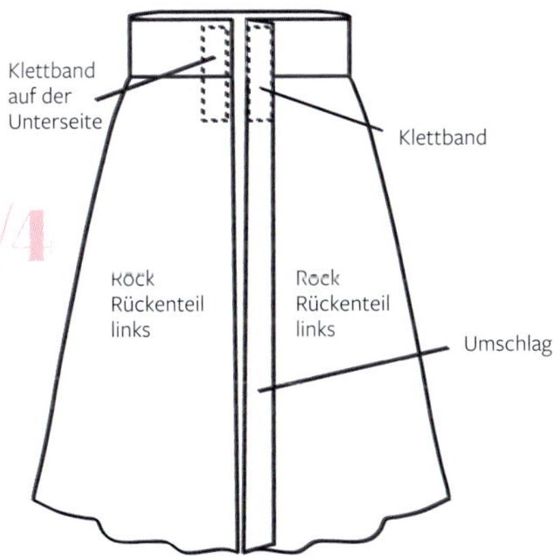

5

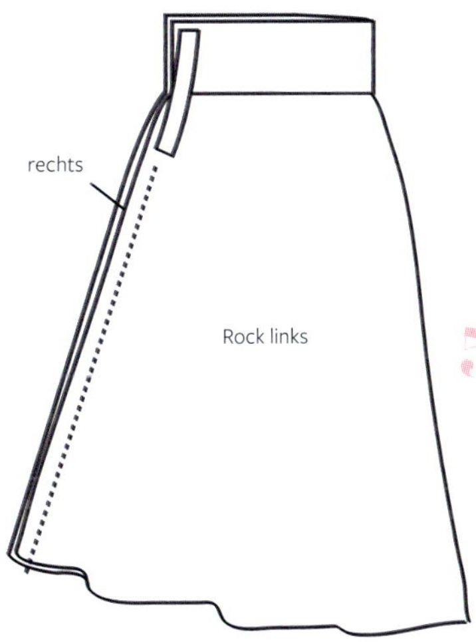

Shopping

Ein schlichtes Kleid und eine Umhängetasche – fertig ist das elegante Outfit, in dem Barbie loszieht, um die Boutiquen zu plündern!

1

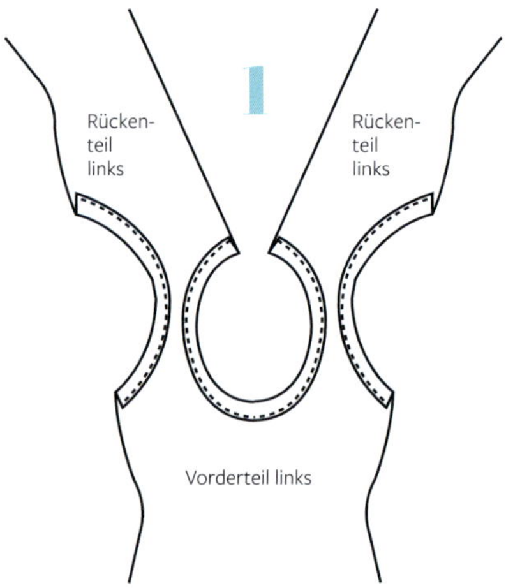

2

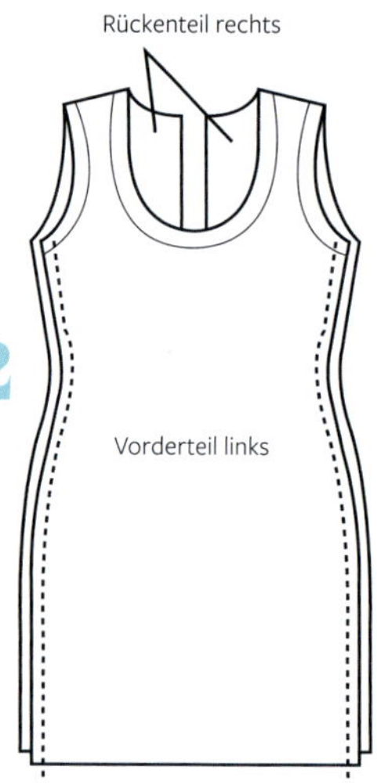

3/4

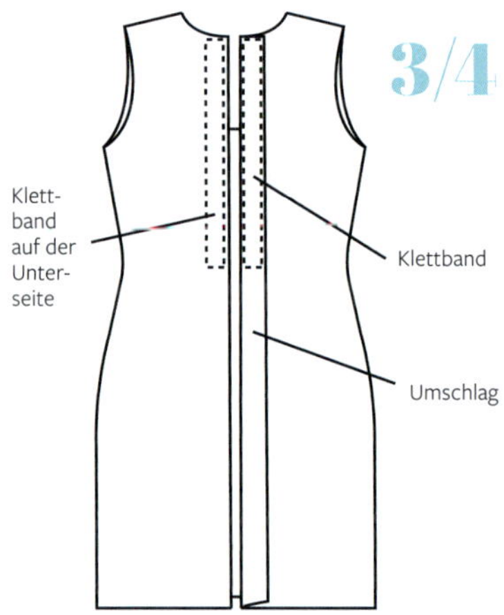

5

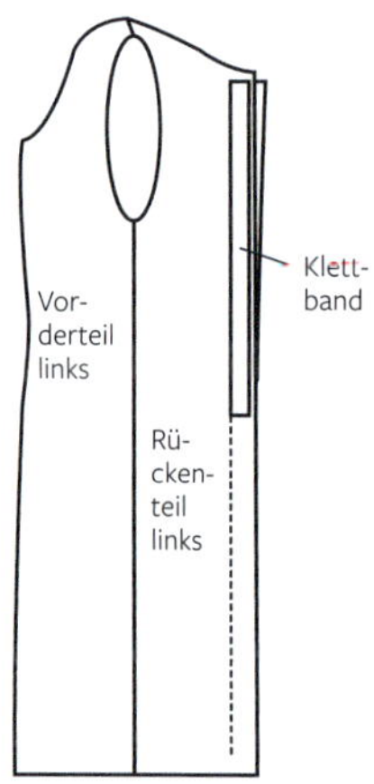

Kleid

Material

• gemusterter Viskosejersey (150 cm breit), 30 cm • Klettband, 1 cm breit, 6 cm lang

1 Am Halsausschnitt und an den Armausschnitten einen 5 mm breiten Saum nach innen umbügeln und festnähen.

2 Das Vorderteil und die Rückenteile des Kleids an den Seiten rechts auf rechts zusammennähen.

3 Eine Kante der Öffnung am Rücken 5 mm breit nach innen umbügeln. Die Flauschseite des Klettbands oben beginnend auf den Umschlag nähen.

4 Die Hakenseite des Klettbands von rechts entlang der Kante auf das andere Rückenteil nähen.

5 Die übrige Öffnung am Rücken unterhalb des Klettbands rechts auf rechts zusammennähen.

6 An der Unterkante des Kleids einen 5 mm breiten Saum nähen.

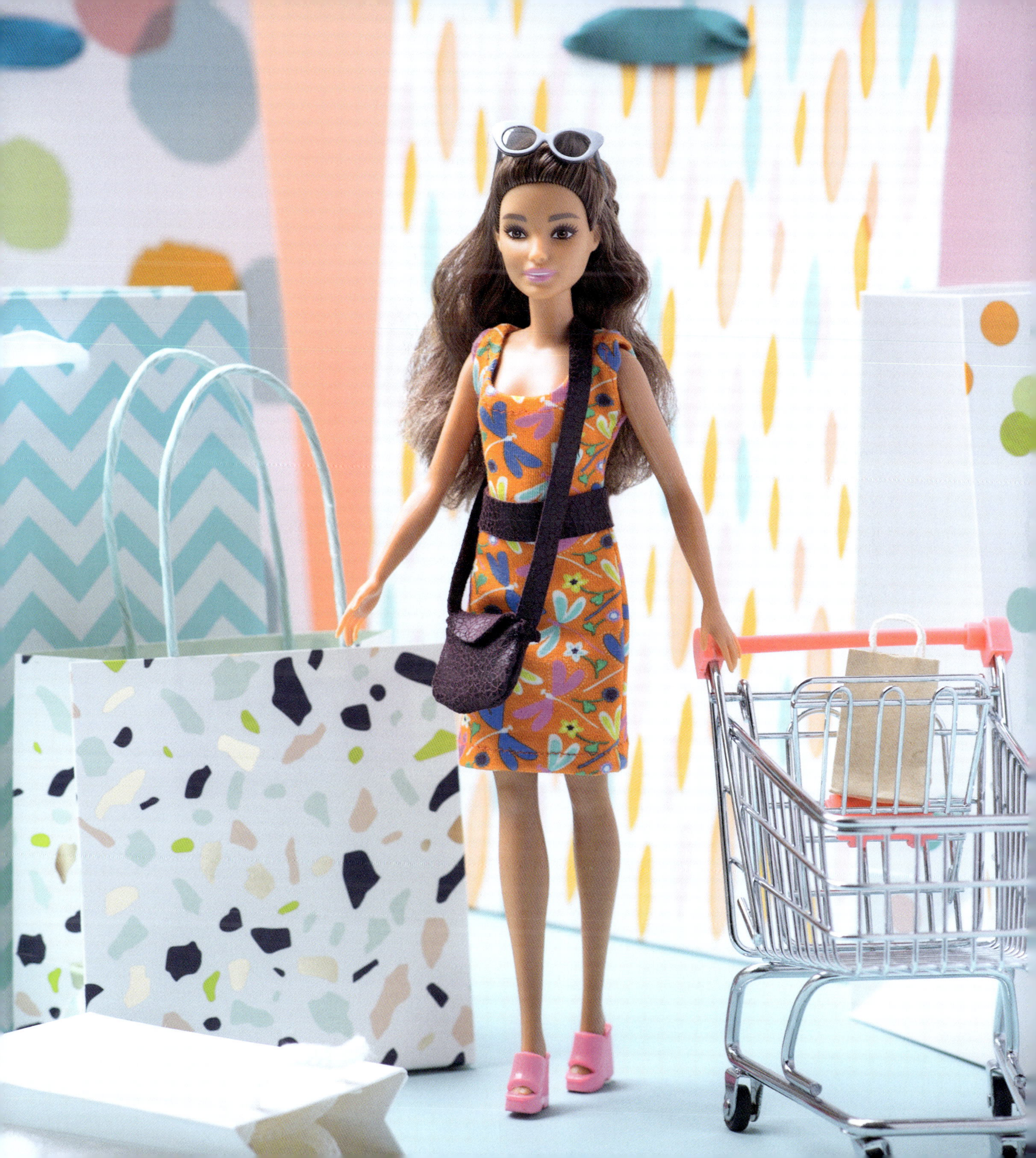

Schnitt-muster in Original-größe

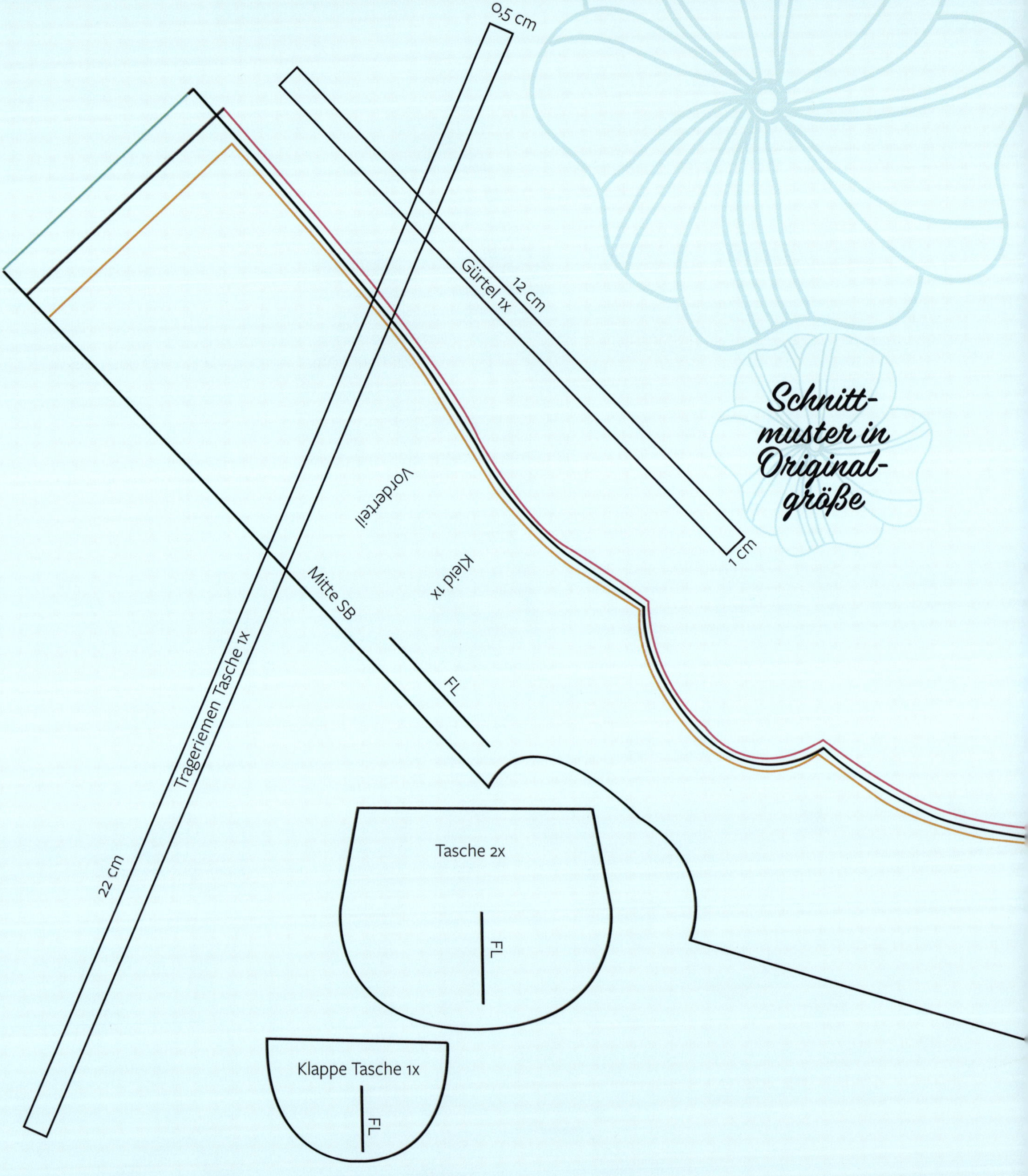

Gürtel

Material
• weiches Kunstleder in Pflaumenblau, 15 cm x 2 cm • Klettband, 1 cm breit, 1 cm lang

1 Die Flauschpartie des Klettbands von rechts auf ein Ende des Gürtels stecken und annähen.
2 Die Hakenpartie des Klettbands von links auf das andere Ende des Gürtels stecken und annähen.

Tasche

Material
• weiches Kunstleder in Pflaumenblau, ca. 25 cm x 5 cm

1 Die Oberkante der Klappe mit 5 mm Nahtzugabe rechts auf rechts an die Oberkante eines der Taschenteile nähen.
2 Die beiden Taschenteile an den Seiten und am Boden rechts auf rechts zusammennähen.
3 Die Tasche auf rechts wenden, dann die Enden des Schulterriemens auf beiden Seiten von innen oben an die Tasche nähen.

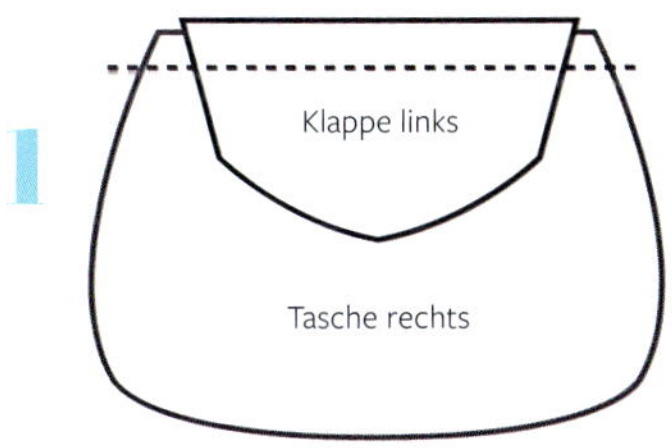

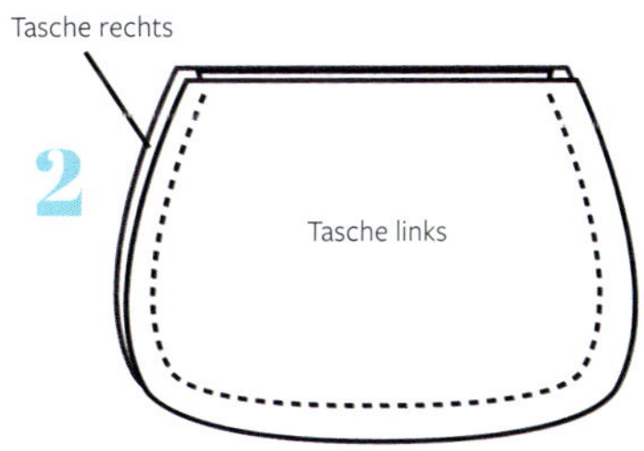

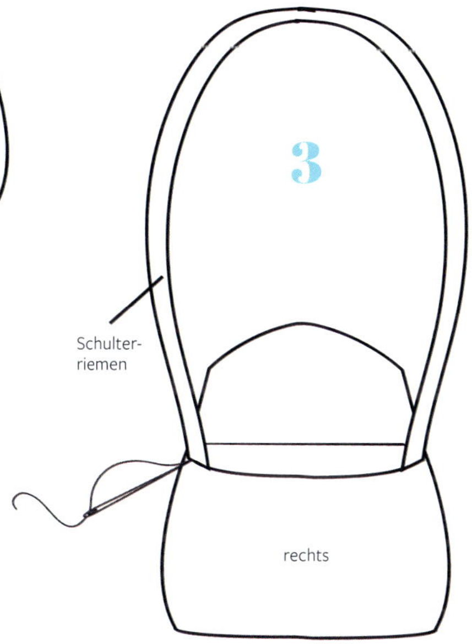

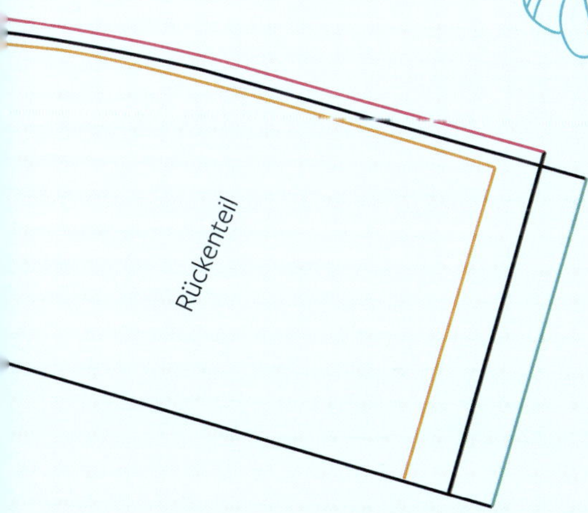

Ken im Freizeitlook

In seinem lässigen Outfit trifft sich Ken mit Barbie, um mit ihr durch die Stadt zu bummeln.

Hoodie

Material

- **Glitzer-Sweatstoff in Karminrot (145 cm breit), 20 cm**
- **Klettband, 1 cm breit, 14 cm lang**

1 Das Vorder- und Rückenteil des Hoodies an den Schulterkanten rechts auf rechts zusammennähen.

2 Die Ärmel rechts auf rechts in die Armausschnitte nähen.

3 An beiden Ärmeln unten einen 5 mm breiten Saum nähen.

4 Den Hoodie an den Seiten von Vorder- und Rückenteil und an den Ärmelnähten rechts auf rechts zusammennähen.

5 Die beiden Teile der Kapuze rechts auf rechts von der Stirn bis zur Markierung für das Klettband zusammennähen.

6 An der Vorderkante der Kapuze einen 5 mm breiten Saum nähen.

7 Die Unterkante der Kapuze rechts auf rechts an den Halsausschnitt des Hoodies nähen wie links abgebildet.

8 An der Unterkante des Hoodies einen 5 mm breiten Saum nähen.

9 Eine Kante der Öffnung am Rücken 5 mm breit nach innen umbügeln. Die Flauschseite des Klettbands auf den Umschlag nähen.

10 Die Hakenseite des Klettbands von rechts auf das andere Rückenteil nähen.

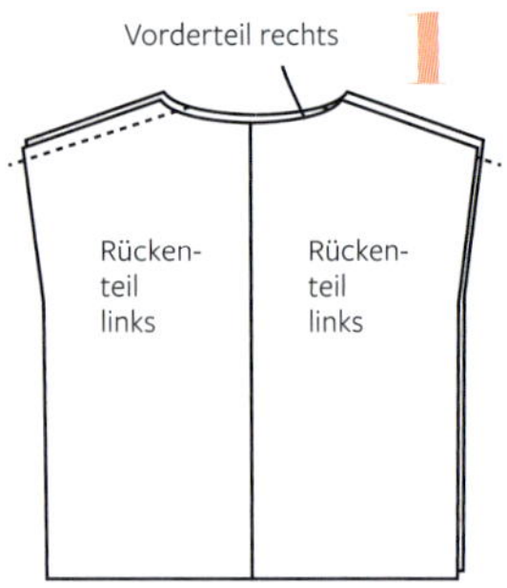

1

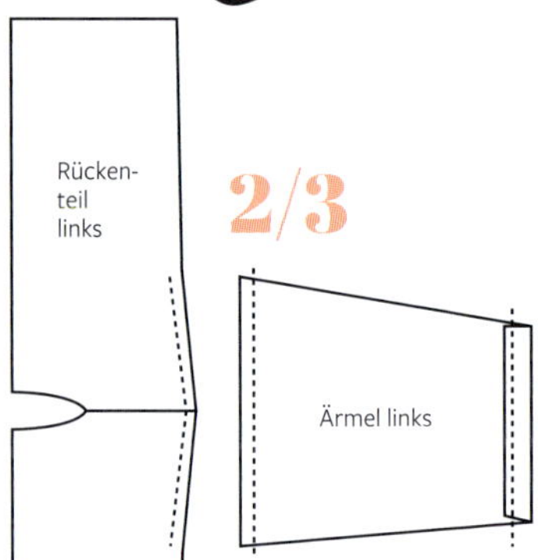

2/3

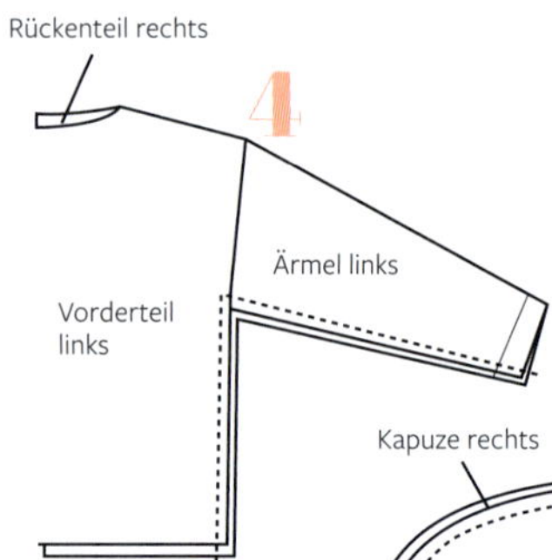

4

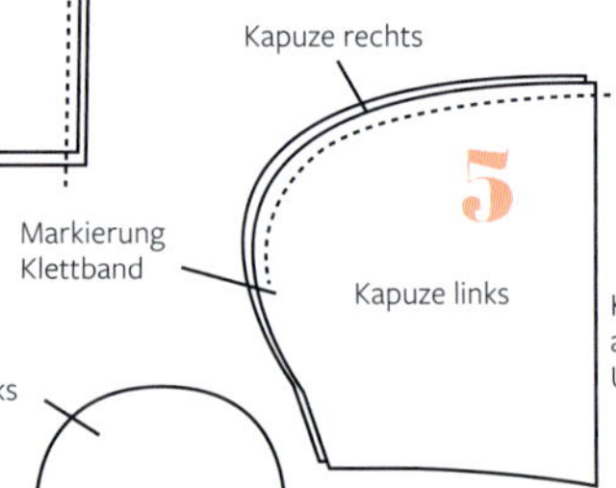

5

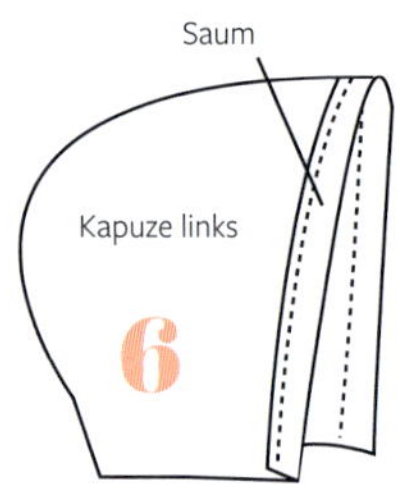

6

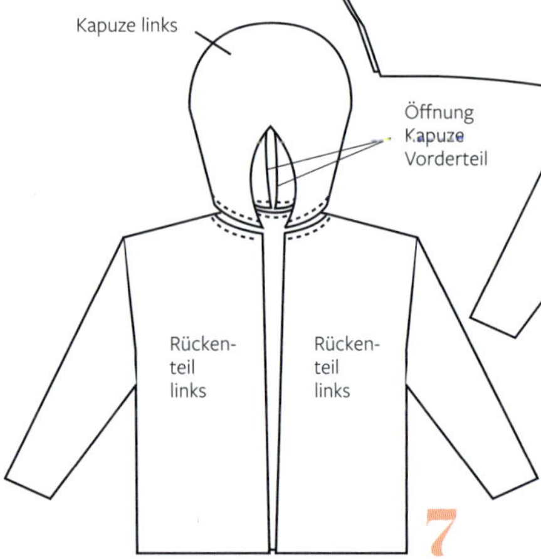

7

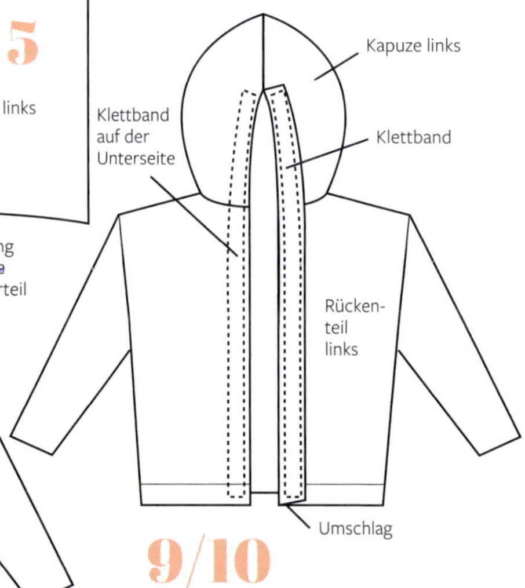

9/10

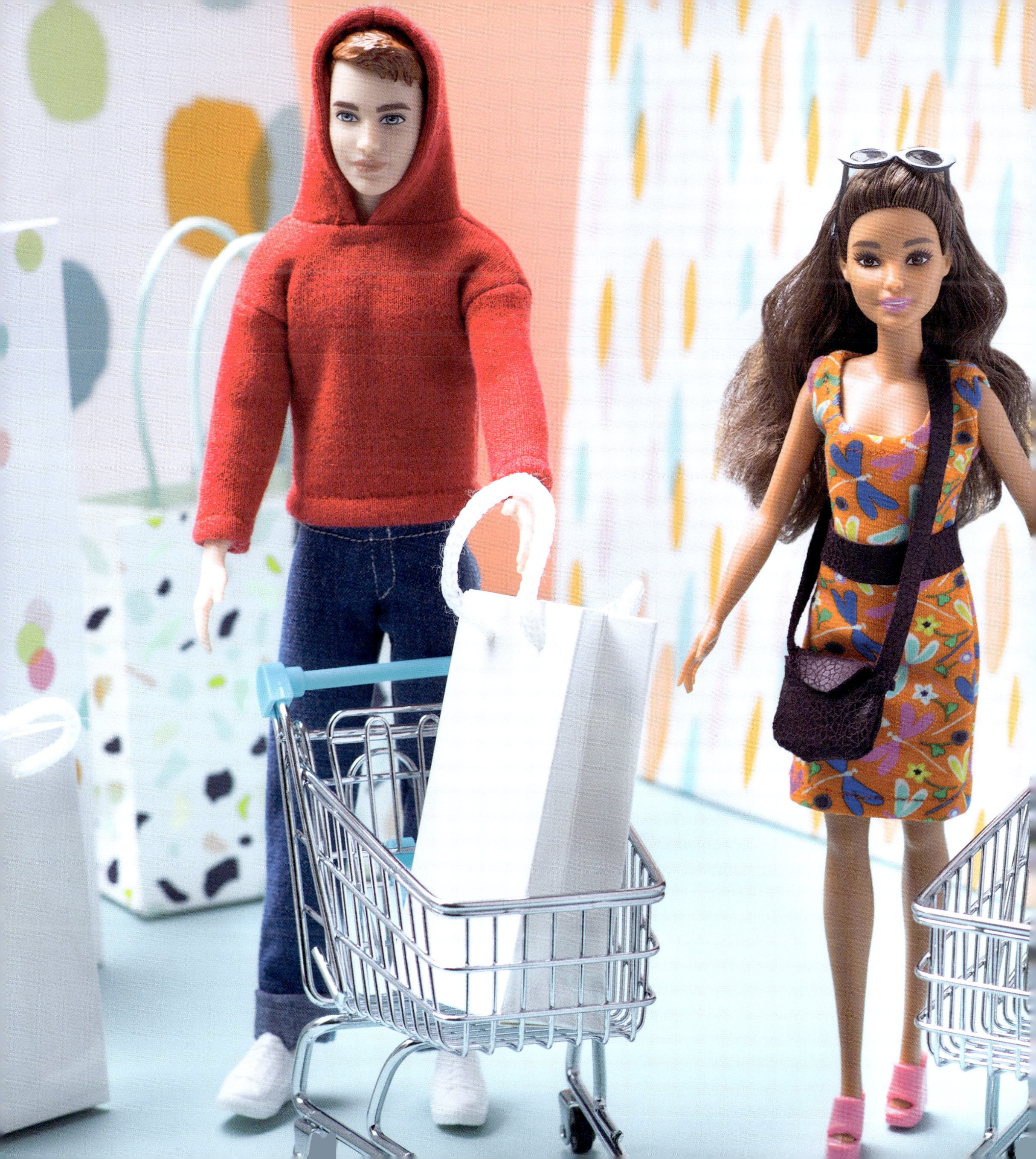

Schnittmuster in Originalgröße

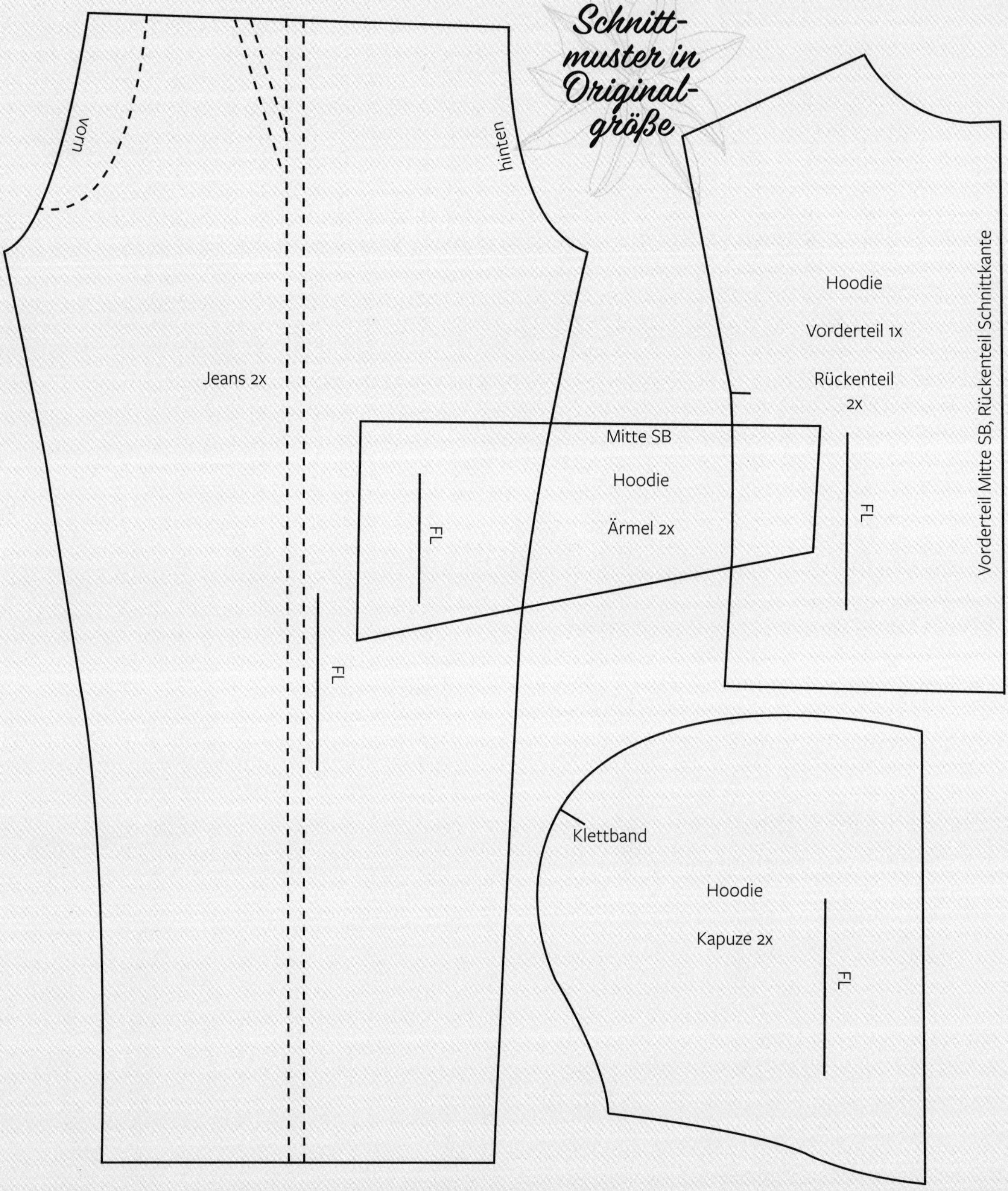

Jeans

Material

• Stretch-Jeansstoff in Blau (130 cm breit), 20 cm • Klettband, 1 cm breit, 3 cm lang

1

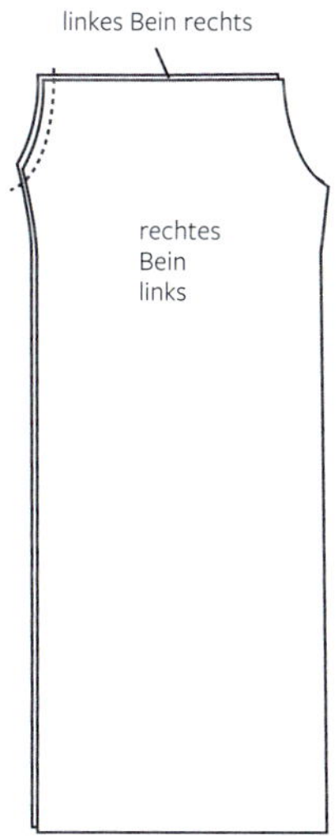

2

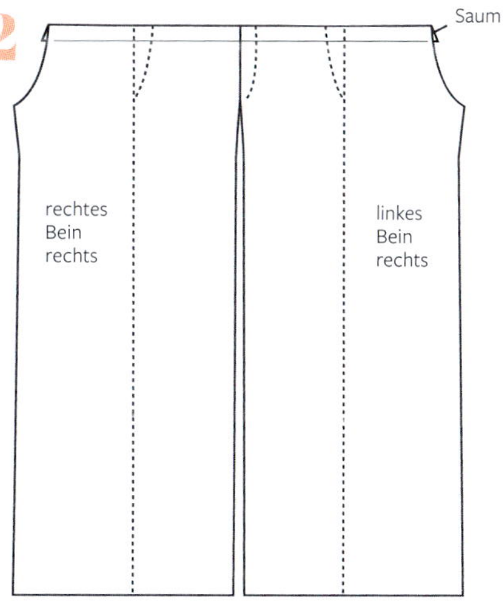

3/4

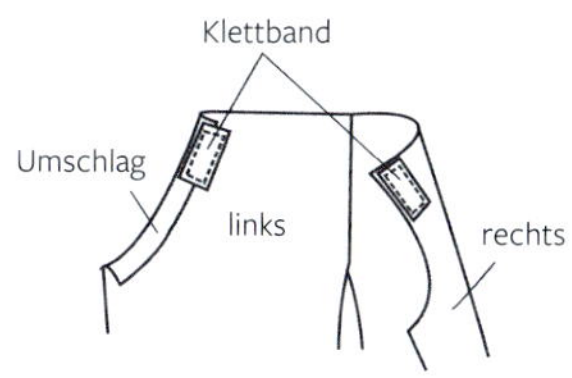

5

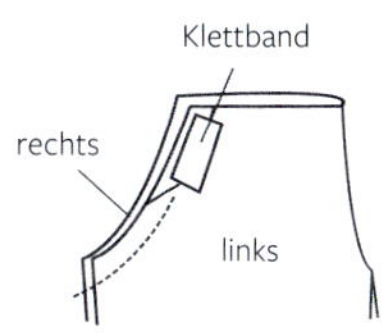

6

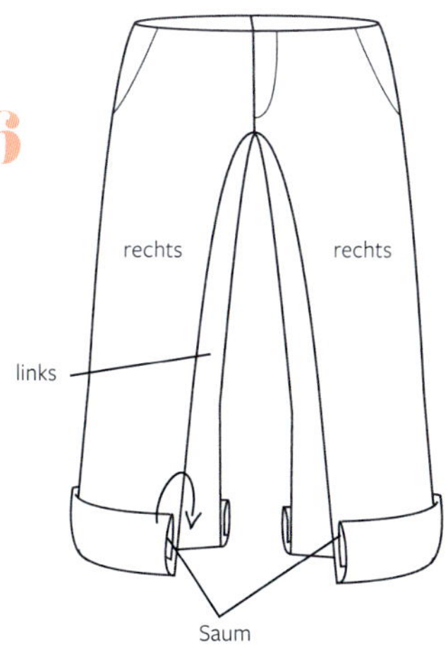

7

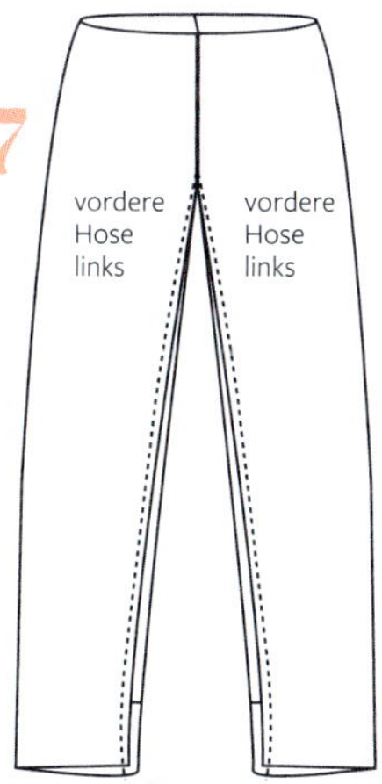

1 Die vorderen Schrittkanten rechts auf rechts zusammennähen. An der Oberkante der Hose einen 5 mm breiten Saum nähen.

2 Von rechts Ziersteppnähte anbringen, um Hosenschlitz, Taschen und Seitennähte zu imitieren.

3 Eine Kante des hinteren Schritts 5 mm breit nach innen umbügeln und die Flauschseite des Klettbands von links auf den Umschlag nähen.

4 Die Hakenseite des Klettbands von rechts entlang der Kante auf die andere Seite des hinteren Schritts nähen.

5 Das übrige Stück des hinteren Schritts unterhalb des Klettbands rechts auf rechts zusammennähen. Die Jeans auf rechts wenden.

6 Die Hosenbeine 1 cm breit, dann nochmals 1 cm breit nach außen umkrempeln und die Umschläge einbügeln.

7 Die Hosenbeine an den Innenbeinkanten rechts auf rechts zusammennähen.

Sängerin

Lass dich von Barbies sanfter Stimme davontragen – ihre wunderschönen Balladen bleiben den ganzen Tag im Ohr!

Top

Material

- **Lurex-Jersey mit bunten Streifen, 10 cm x 10 cm**
- **Klettband, 1 cm breit, 2 cm lang**

1 Am Halsausschnitt und an den Armausschnitten einen 5 mm breiten Saum nähen.
2 Das Vorderteil und die Rückenteile an den Seiten rechts auf rechts zusammennähen.
3 An der Unterkante einen 5 mm breiten Saum nähen.
4 Eine Kante der Öffnung am Rücken 5 mm breit nach innen umbügeln. Die Flauschseite des Klettbands auf den Umschlag nähen.
5 Die Hakenseite des Klettbands von rechts entlang der Kante auf das andere Rückenteil nähen.

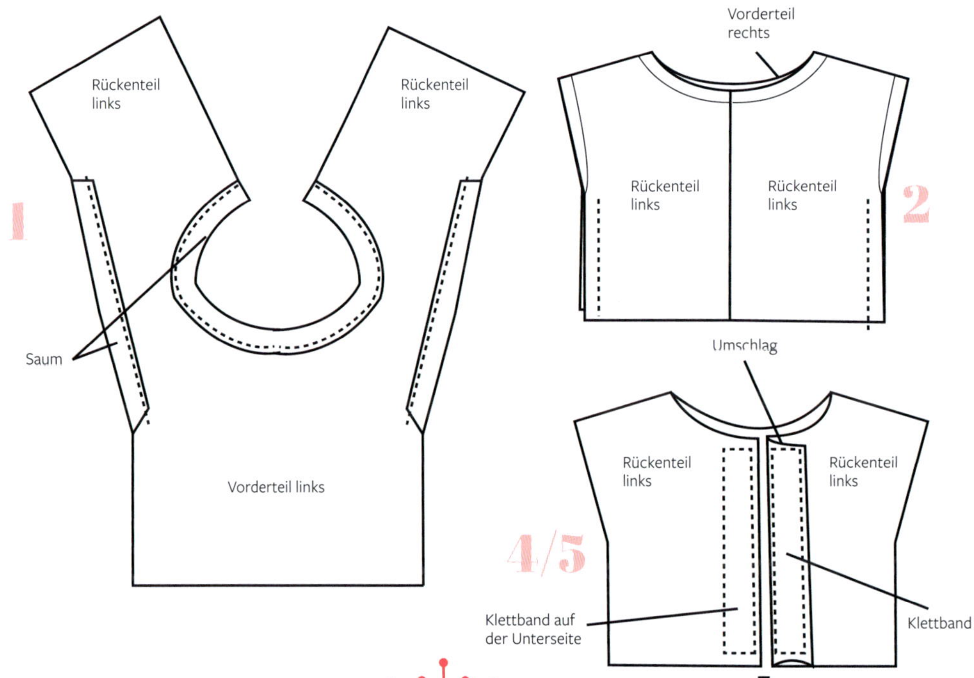

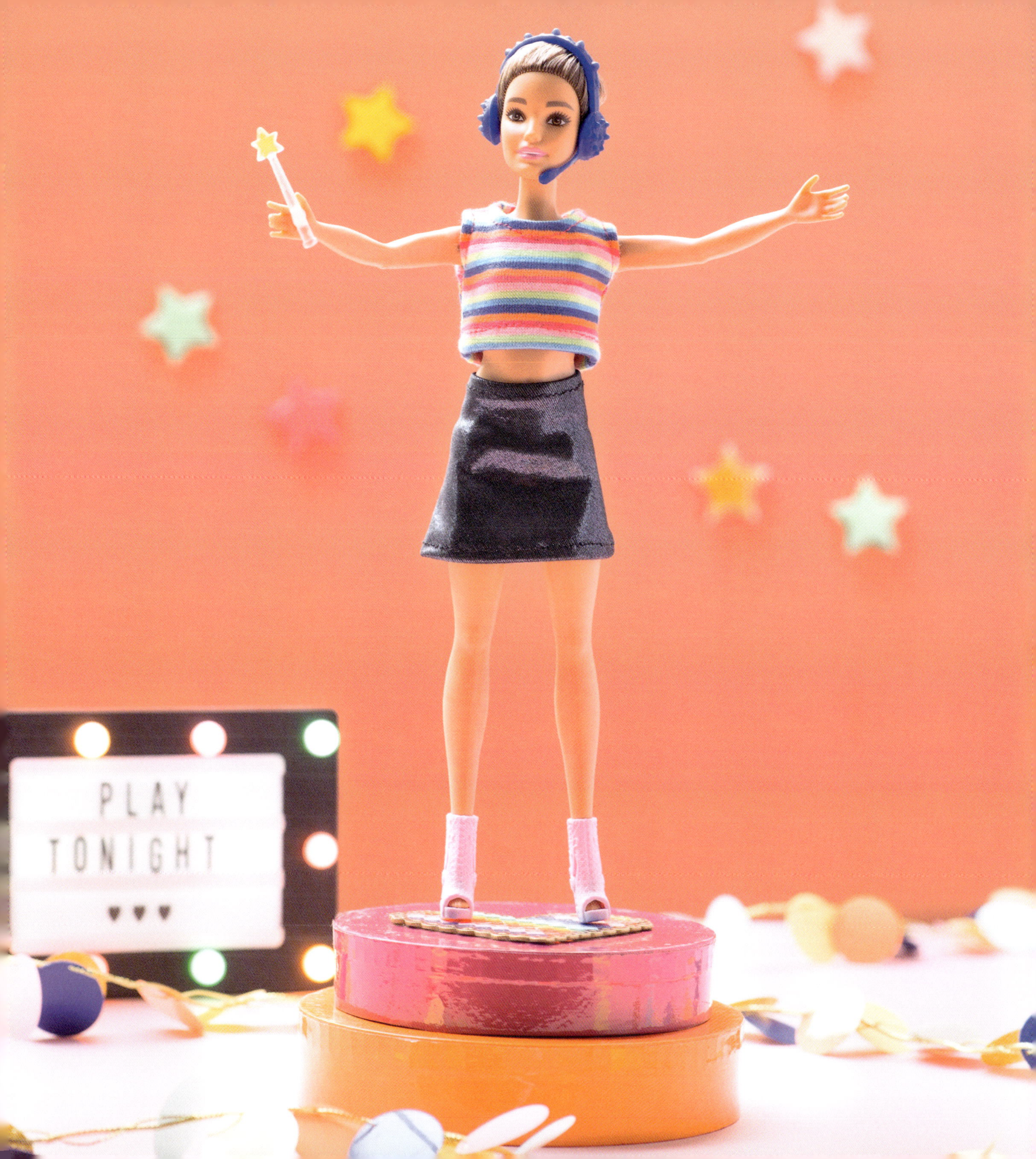
PLAY
TONIGHT

Schnittmuster in Originalgröße

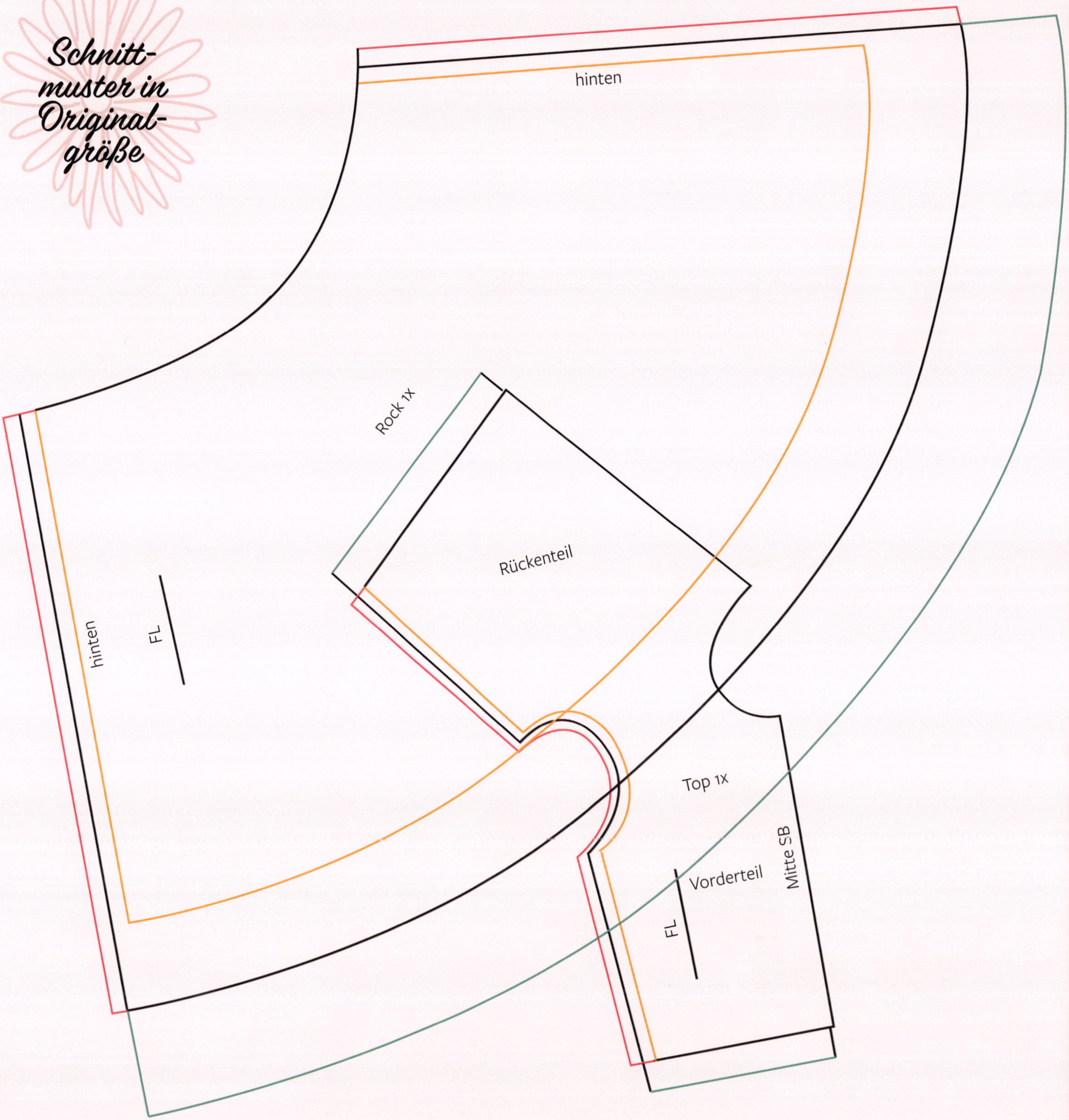

Rock

Material

• Baumwoll-Mischgewebe in Dunkelviolett mit Metallic- oder Glitzereffekt, ca. 20 cm x 10 cm

• Klettband, 1 cm breit, 3 cm lang

1 An der Oberkante des Rocks einen 5 mm breiten Saum nähen.

2 Eine Kante der Öffnung am Rücken 5 mm breit nach innen umbügeln. Die Flauschseite des Klettbands auf den Umschlag nähen.

3 Die Hakenseite des Klettbands von rechts entlang der Kante auf das andere Rückenteil nähen.

4 An der Unterkante des Rocks einen 5 mm breiten Saum nähen.

5 Den Rock an den rückwärtigen Kanten unterhalb des Klettbands rechts auf rechts zusammennähen.

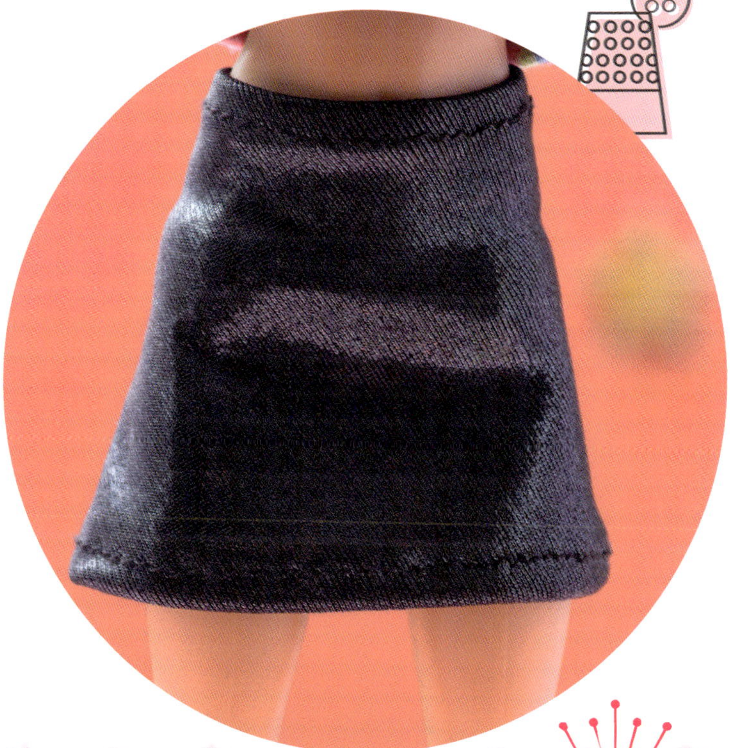

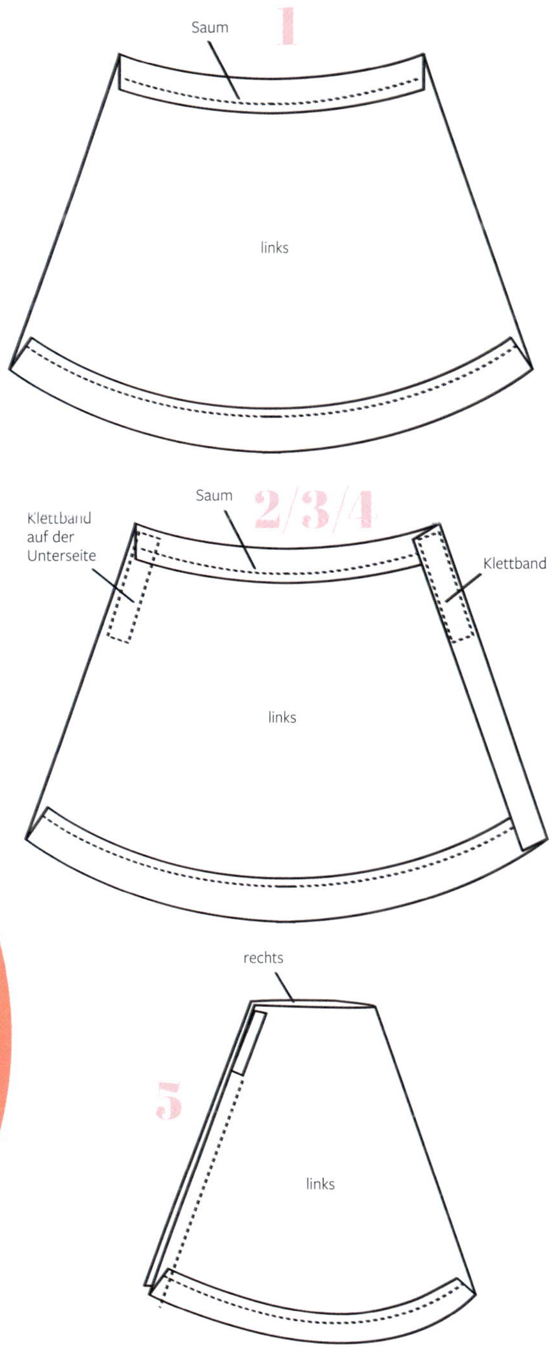

Ballkönigin

Die große Jahresabschlussgala ist ein Ereignis, dass man nicht verpassen darf, und in ihrem wunderschönen Kleid mit der Blume am Gürtel hat Barbie das Krönchen der Ballkönigin wirklich verdient!

Kleid

Material

- **Seidentaft in Hellblau (140 cm breit, 59 g/m²), 20 cm**
- **Gummiband, 3 mm breit, 20 cm lang**
- **Klettband, 1 cm breit, 8 cm lang**

1

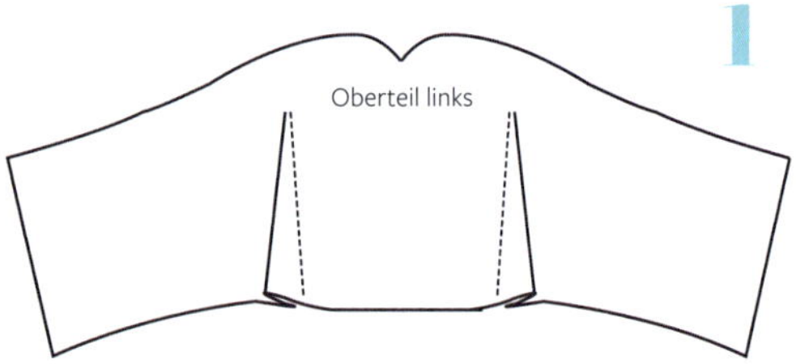

4

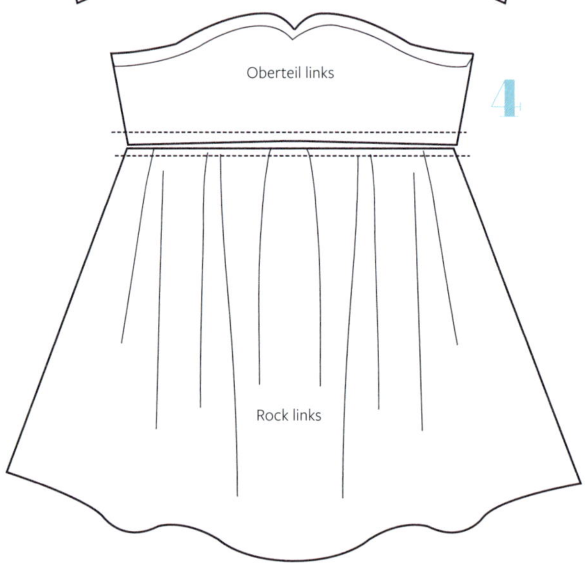

1 Auf der linken Stoffseite des Oberteils die Abnäher abstecken und nähen.

2 An der Oberkante des Oberteils einen 5 mm breiten Saum nähen.

3 Die Oberkante des Rocks auf die Weite der Unterkante des Oberteils einkräuseln.

4 Das Oberteil und den Rock an der Taille rechts auf rechts zusammennähen.

5 Den Volantstreifen längs links auf links falten und den Falz einbügeln. An der offenen Längsseite im Geradstich mit der größten Stichlänge eine Kräuselnaht anbringen. An den Kräuselfäden ziehen, bis der Volant die gleiche Weite hat wie der Rocksaum.

(Fortsetzung Seite 63)

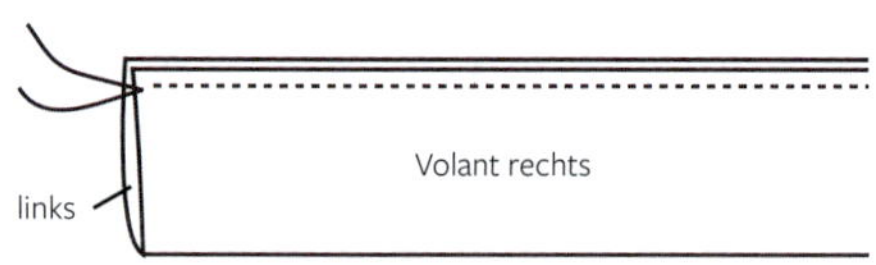

5

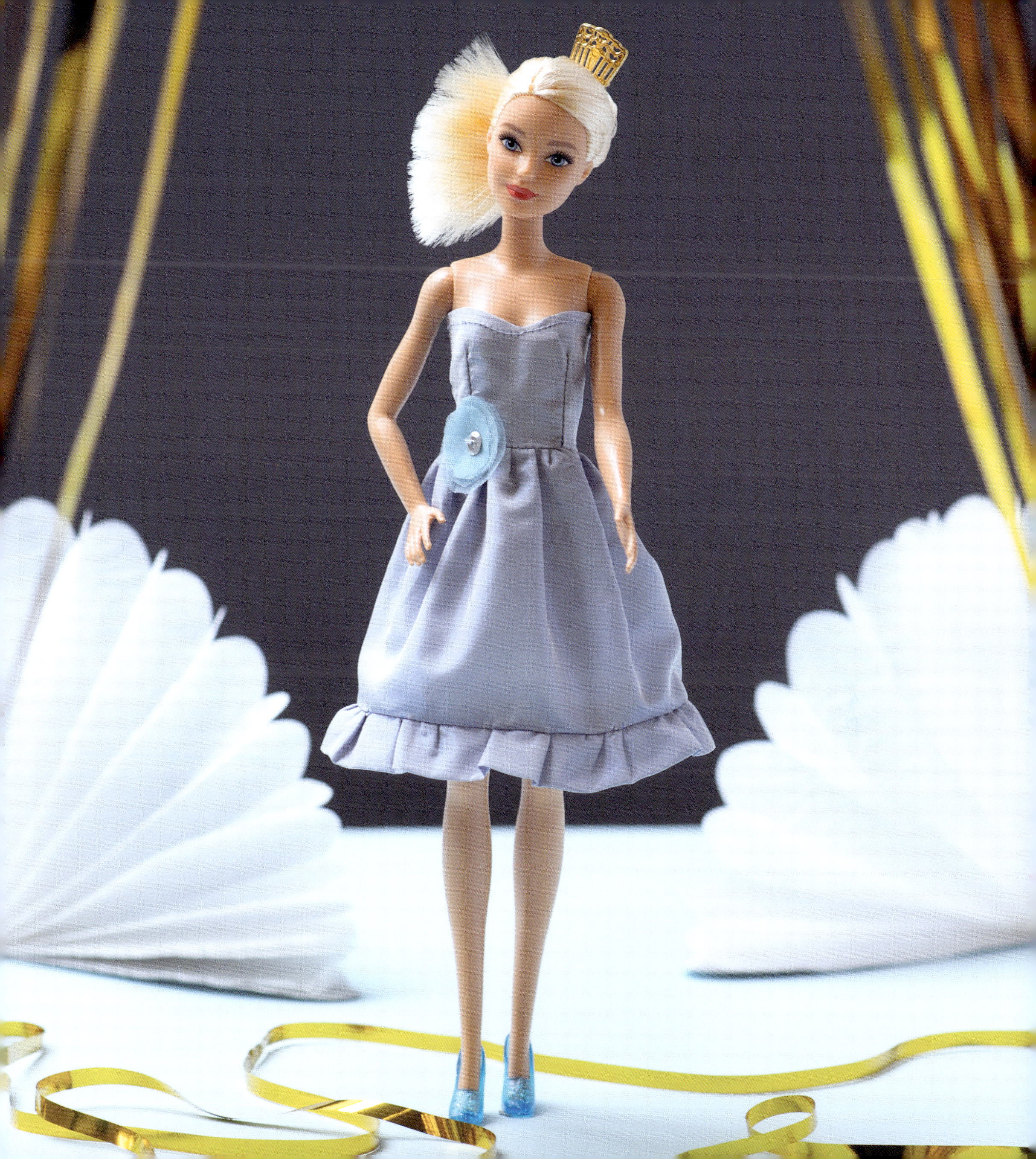

Schnittmuster in Originalgröße

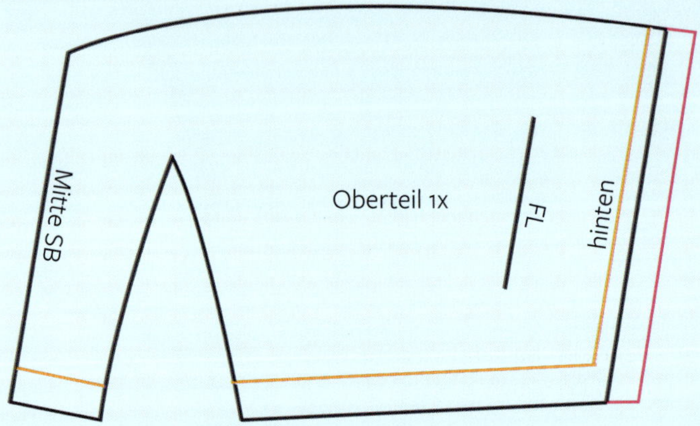

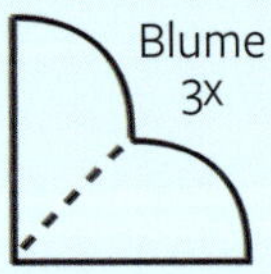

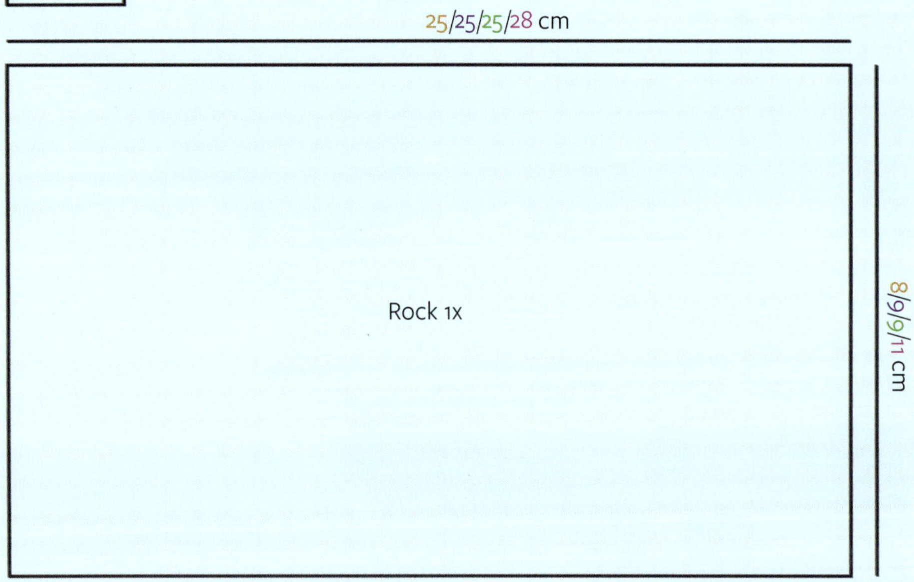

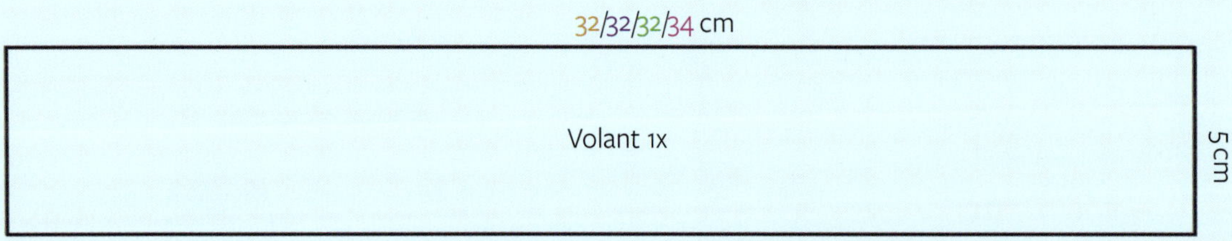

6 Den Volant rechts auf rechts an die Unterkante des Rocks nähen.

7 Eine Kante der Öffnung am Rücken 5 mm breit nach innen umbügeln. Die Flauschseite des Klettbands an der Oberkante des Oberteils beginnend auf den Umschlag nähen.

8 Die Hakenseite des Klettbands von rechts entlang der Kante auf das andere Rückenteil nähen.

9 Die übrige rückwärtige Öffnung unterhalb des Klettbands mit 5 mm Nahtzugabe rechts auf rechts zusammennähen.

6

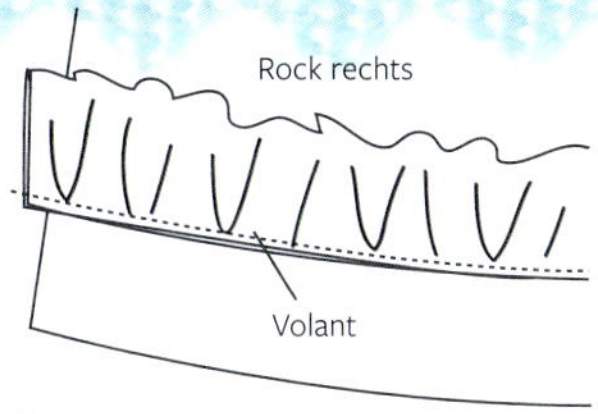

7/8

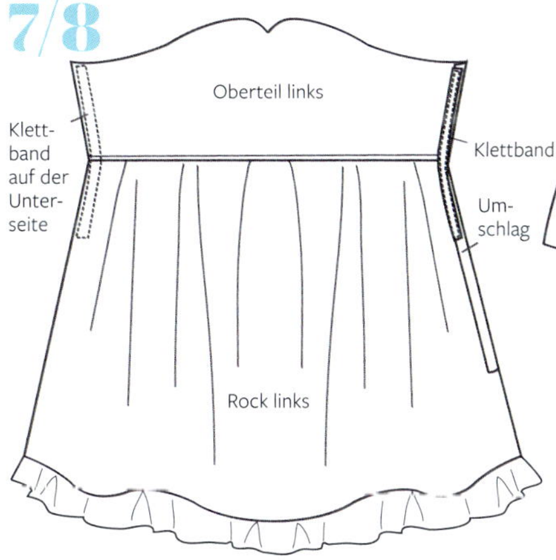

9

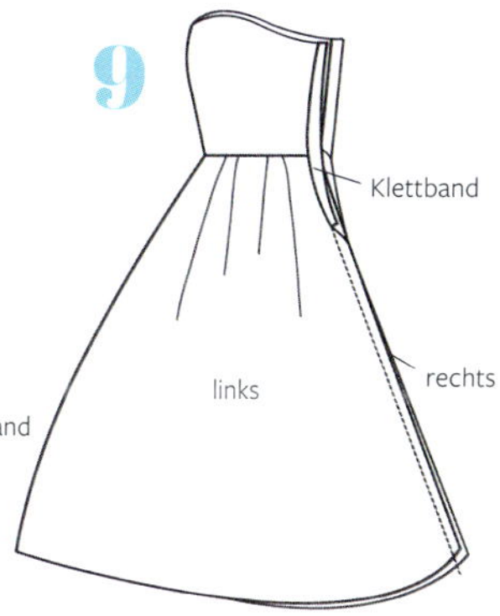

Blume

Material
• Seidenorganza in Himmelblau, 10 cm x 10 cm • 1 silberfarbene Paillette zum Aufnähen

1 Das Organzaquadrat einmal längs und dann nochmals quer falten. Das Schnittmuster der Blume so darauflegen, dass die Ecke des Schnittteils auf der gefalteten Stoffecke liegt.

2 Den Stoff und das Schnittteil zusammen an der gestrichelten Linie auf dem Schnittmuster erneut falten.

3 Den Stoff und das Schnittteil fest zusammenhalten und für die Blütenblätter den Stoff entlang der Oberkante des Schnittmusters zuschneiden.

4 Das Schnittmuster entfernen. Auf diese Weise insgesamt drei Blüten anfertigen. Die Blüten aufeinanderlegen und in Taillenhöhe an das Kleid nähen wie abgebildet; dabei die Paillette mit annähen.

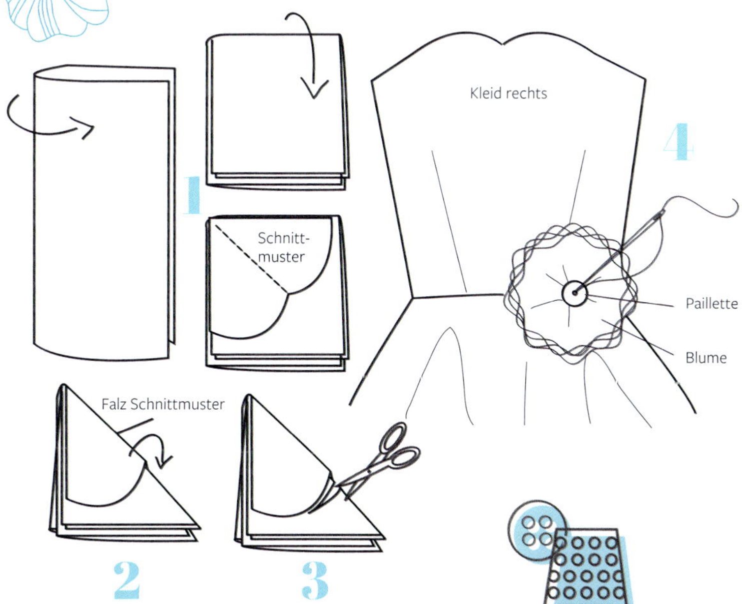

Ken im Smoking

Silbrig schimmernder Smoking und knallige Fliege – für den großen Gala-Abend hat Ken sich mächtig in Schale geworfen. Er braucht nur noch Barbie abzuholen und dann kann die Party steigen.

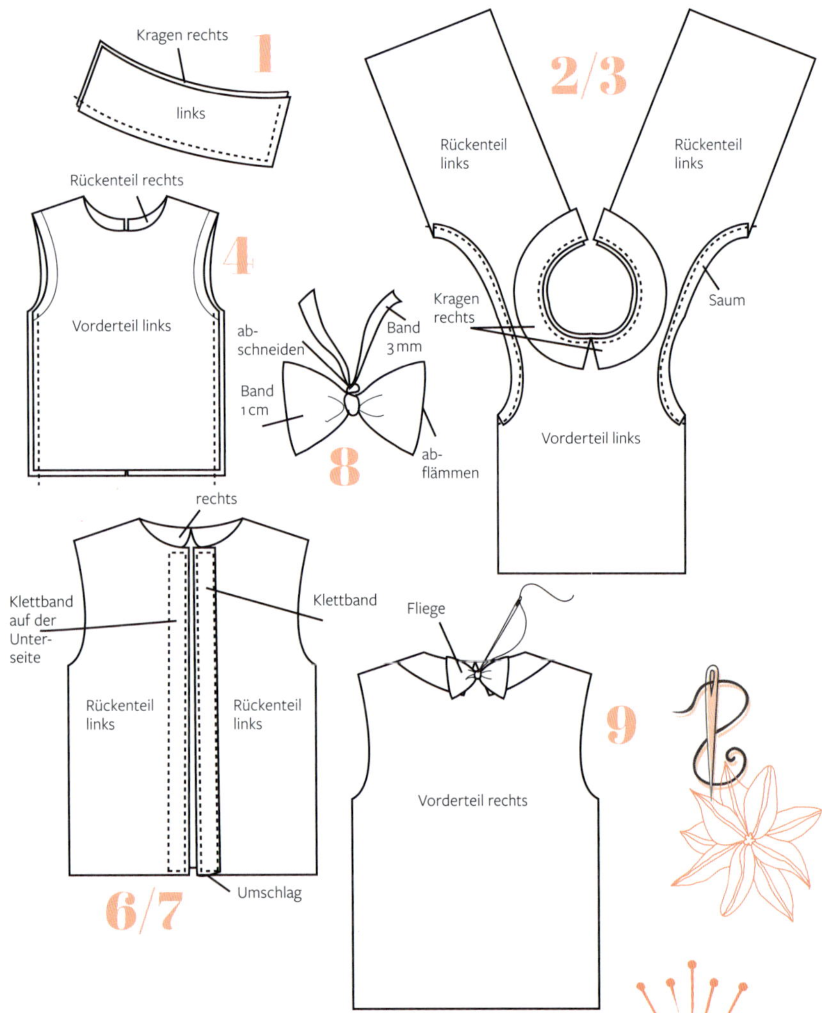

Hemd

Material
• Baumwollpopeline in Weiß (150 cm breit), 10 cm • Satinband in Neonpink, 1 cm breit, 2 cm lang • Satinband in Neonpink, 3 mm breit, 5 cm lang • Klettband, 1 cm breit, 8 cm lang

1 Die beiden Teile jeder Kragenhälfte an der Außenkante rechts auf rechts zusammennähen. Die Nahtzugaben knapp zurückschneiden, dann beide Kragenhälften auf rechts wenden.
2 Beide Kragenteile rechts auf links an die Bluse stecken und annähen wie links abgebildet. Den Kragen auf die rechte Seite des Hemds umschlagen und bügeln.
3 An beiden Armausschnitten einen 5 mm breiten Saum nähen.
4 Das Vorderteil und die Rückenteile an den Seiten rechts auf rechts zusammennähen.
5 An der Unterkante des Hemds einen 5 mm breiten Saum nähen.
6 Eine Kante der Öffnung am Rücken 5 mm breit nach innen umbügeln. Die Flauschseite des Klettbands auf den Umschlag nähen.
7 Die Hakenseite des Klettbands von rechts entlang der Kante auf das andere Rückenteil nähen.
8 Mit dem 3 mm breiten Satinband einen Doppelknoten um die Mitte des 1 cm breiten Satinbands binden. Die Enden des 3-mm-Bands abschneiden. Mit einem Feuerzeug alle Enden der Satinbänder abflämmen, damit sie nicht ausfransen.
9 Die Fliege von Hand zwischen den beiden Kragenecken vorne an das Hemd nähen.

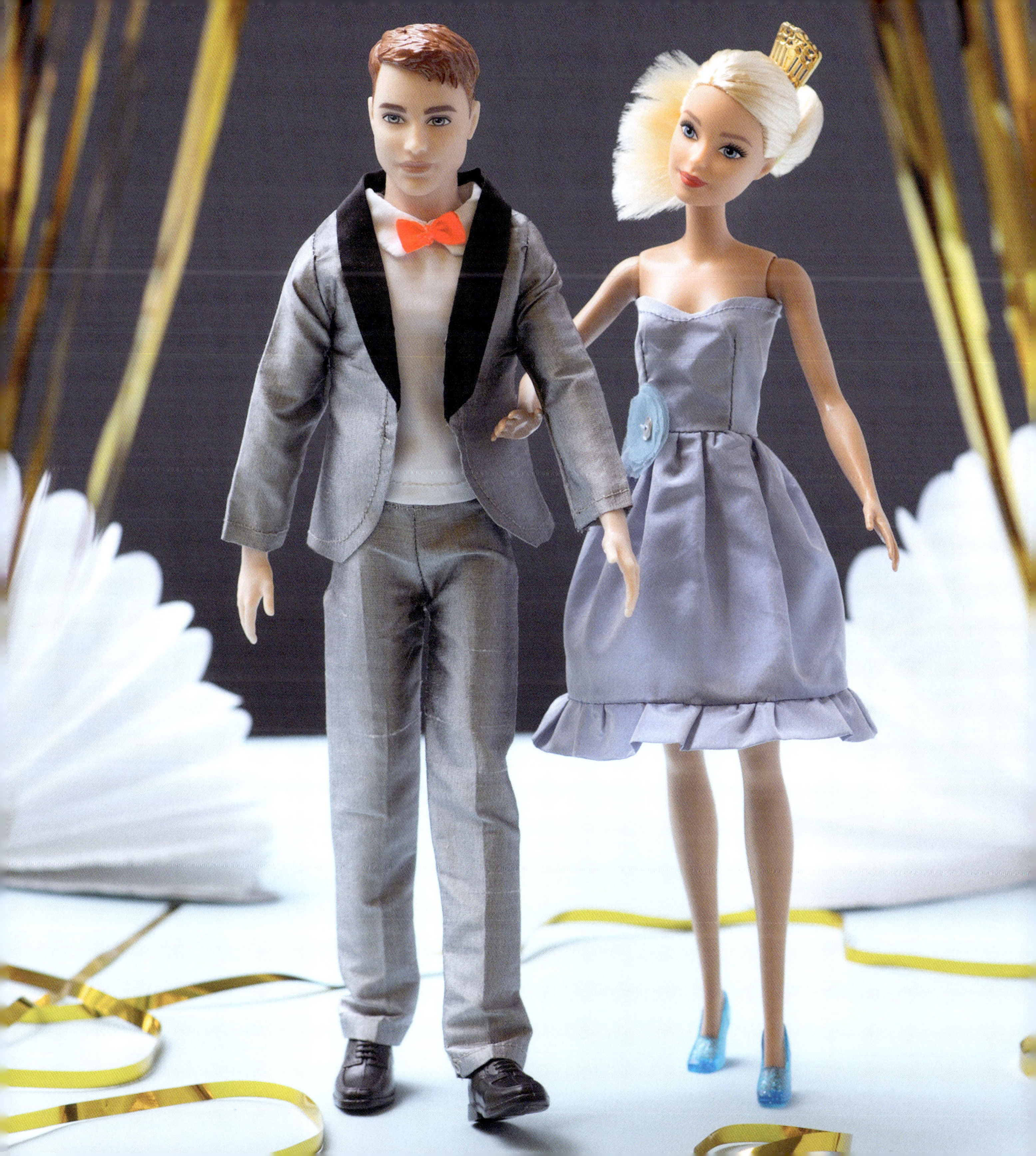

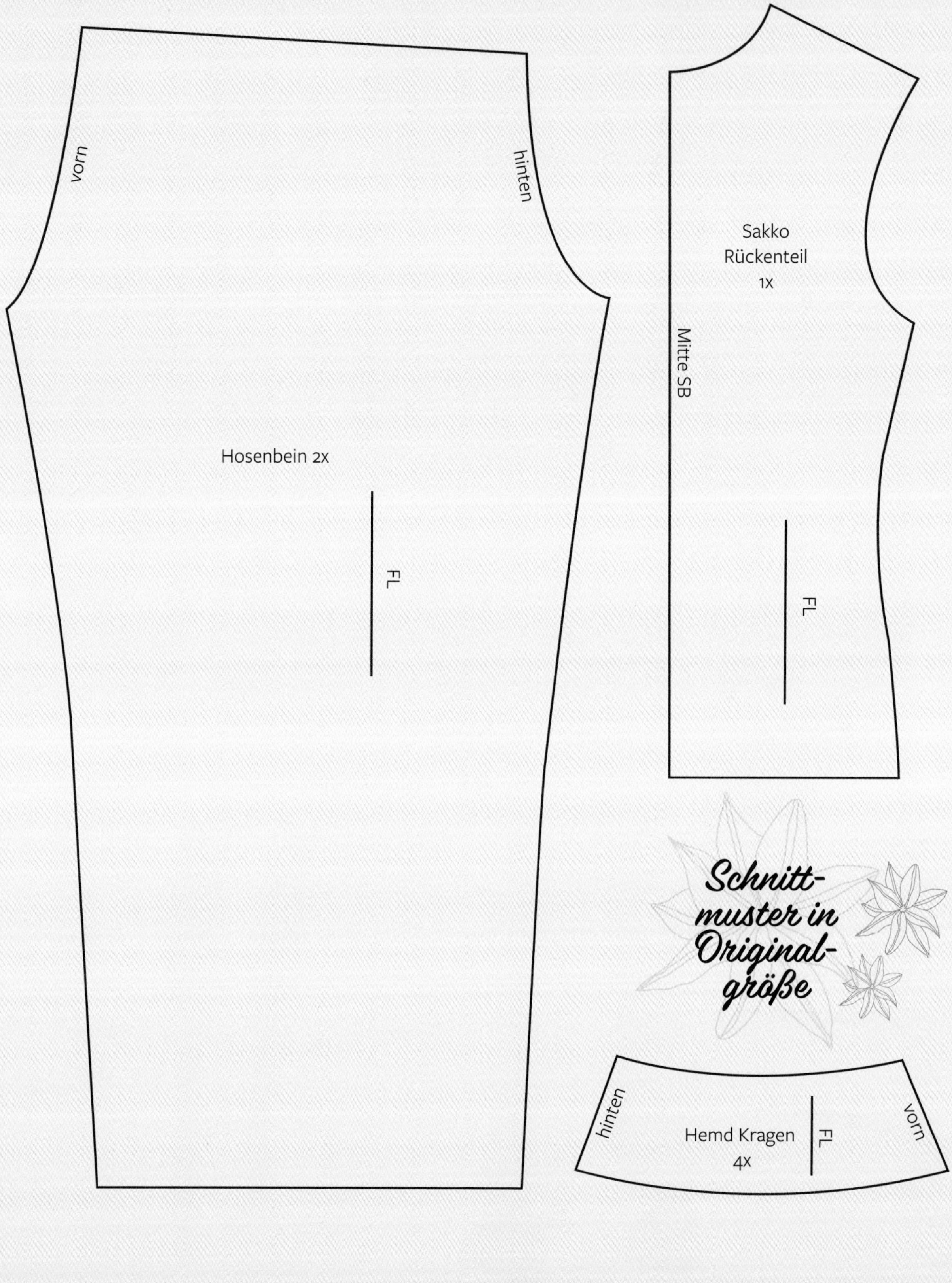
vorn
hinten
Hosenbein 2x
FL
Sakko
Rückenteil
1x
Mitte SB
FL
Schnitt-
muster in
Original-
größe
hinten
Hemd Kragen
4x
FL
vorn

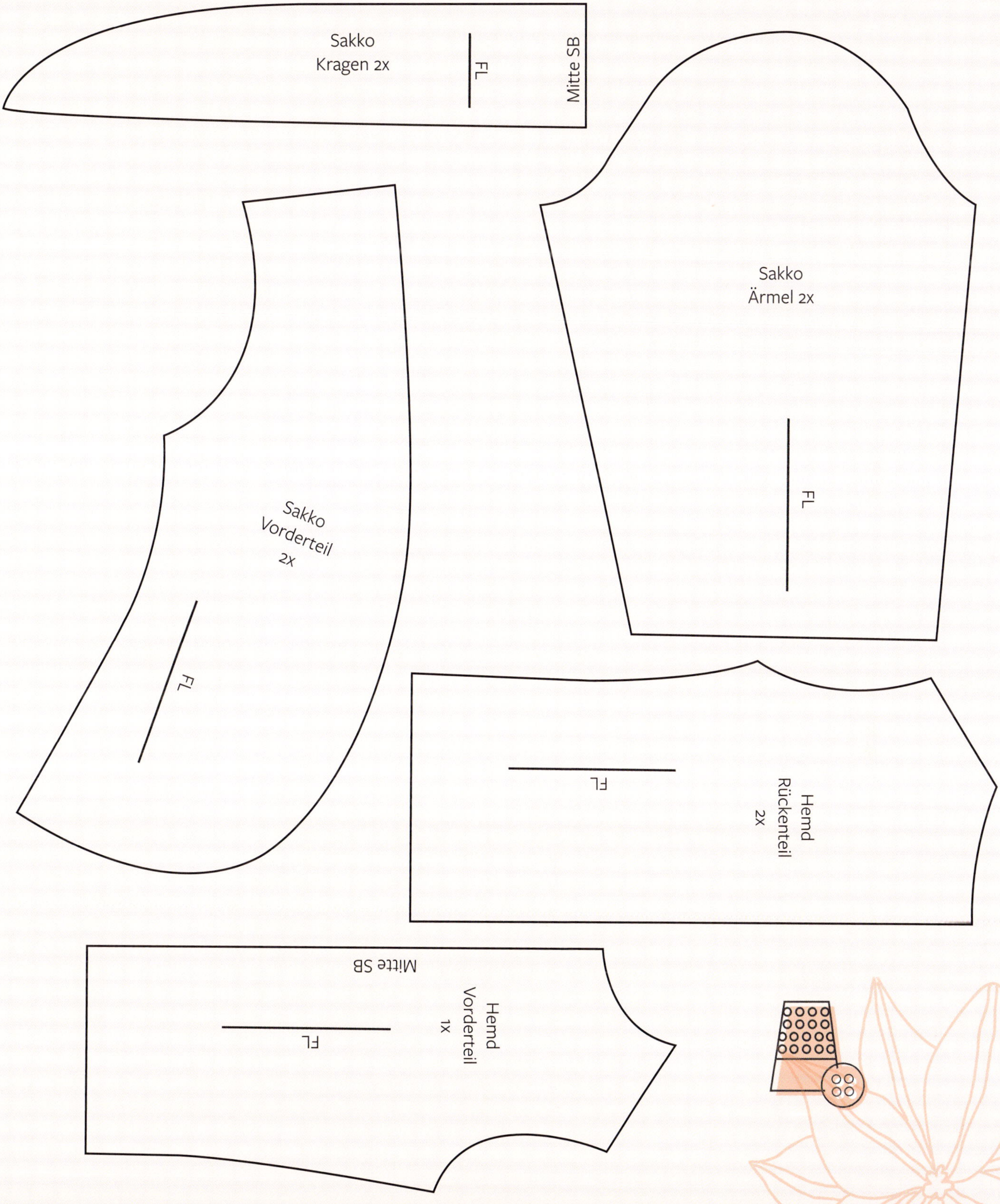

Sakko
Kragen 2x
FL
Mitte SB
Sakko
Ärmel 2x
FL
Sakko
Vorderteil
2x
FL
FL
Hemd
Rückenteil
2x
Mitte SB
Hemd
Vorderteil
1x
FL

Sakko

Material
• Dupionseide in Silbergrau (137 cm breit), 20 cm
• Dupionseide in Schwarz (137 cm breit), 10 cm

1 Die beiden Kragenteile an der Außenkante rechts auf rechts zusammennähen. Die Nahtzugaben knapp zurückschneiden, dann den Kragen auf rechts wenden und bügeln.
2 Die Vorderteile und das Rückenteil des Sakkos an den Schulterkanten rechts auf rechts zusammennähen.
3 Die Ärmel rechts auf rechts in die Armausschnitte nähen.
4 An beiden Ärmeln unten einen 5 mm breiten Saum nähen.
5 Das Sakko an den Seiten von Vorder- und Rückenteil und an den Ärmelkanten rechts auf rechts zusammennähen.
6 Den Kragen rechts auf links an den Halsausschnitt des Sakkos nähen.
7 Den Kragen auf die rechte Seite des Sakkos umschlagen und bügeln. Ab Kragenspitzen an den Vorderkanten und der Unterkante des Sakkos einen 5 mm breiten Saum nähen.

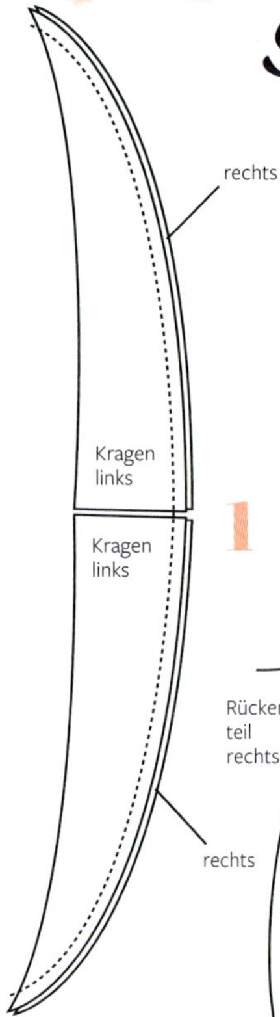

1

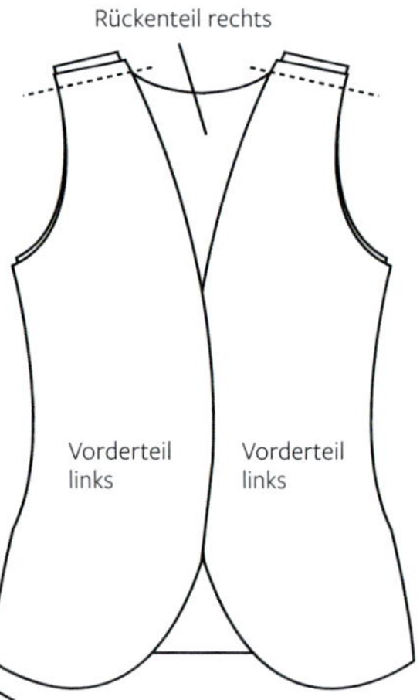

2

3/4

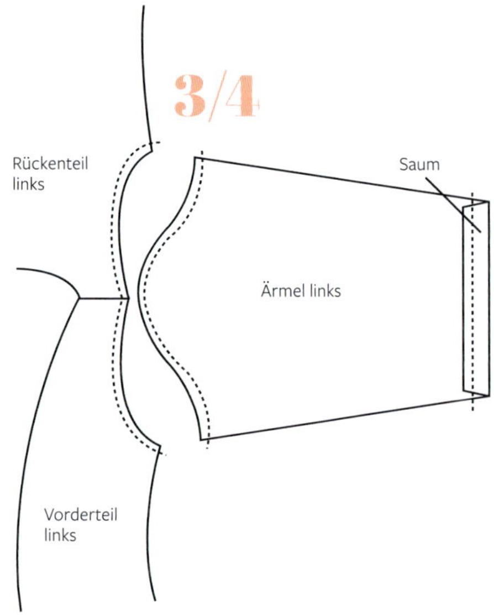

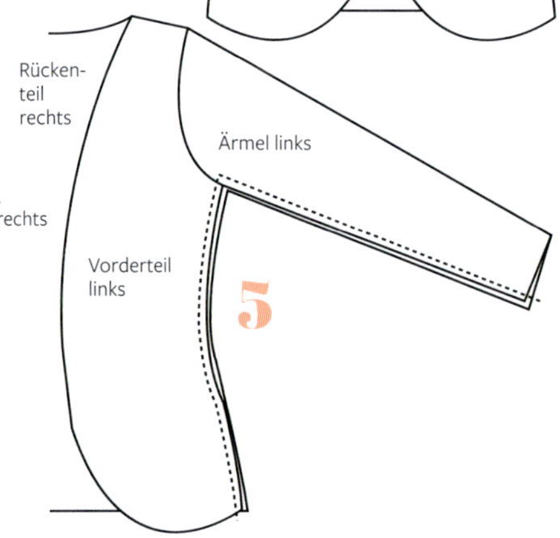

5

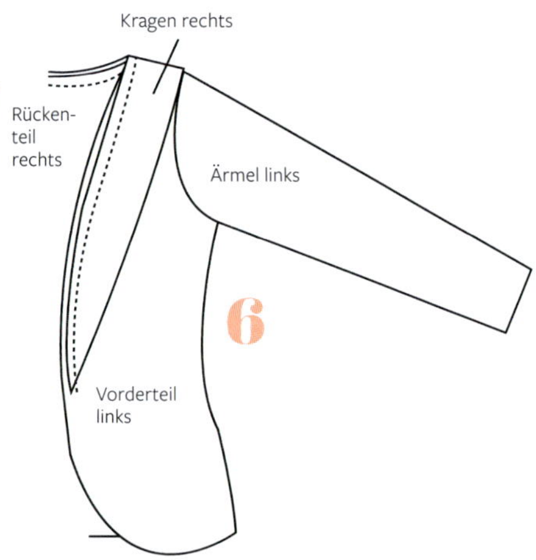

6

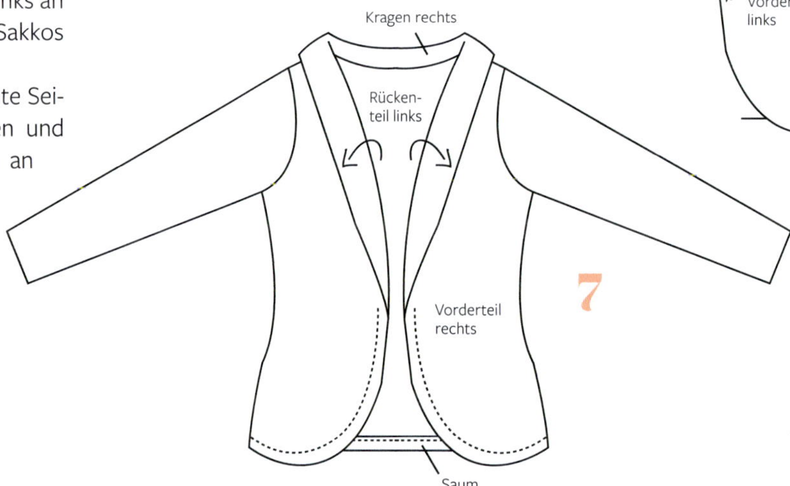

7

Hose

Material
• Doupionseide in Silbergrau (137 cm breit), 20 cm
• Klettband, 1 cm breit, 3 cm lang

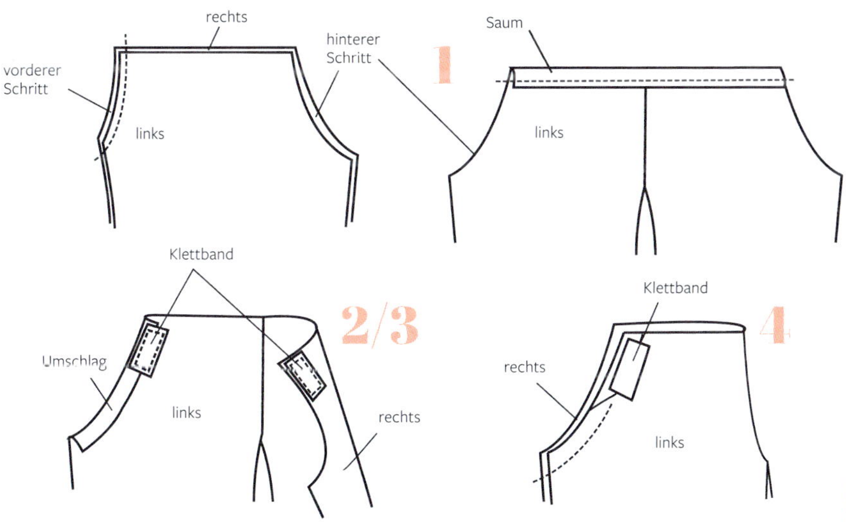

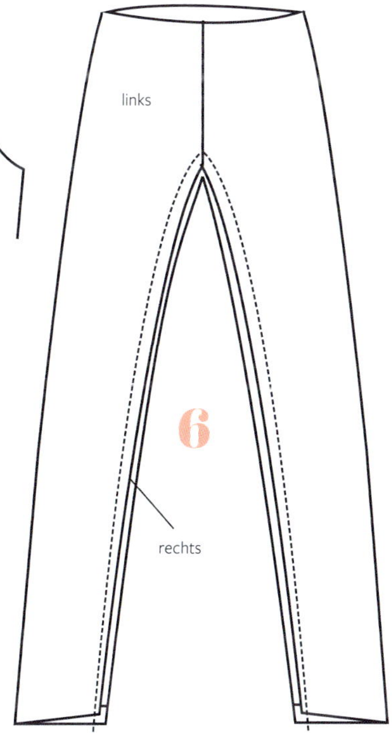

1 Die vorderen Schrittkanten rechts auf rechts zusammennähen. An der Oberkante der Hose einen 5 mm breiten Saum nähen.
2 Eine Kante des hinteren Schritts 5 mm breit nach innen umbügeln und die Flauschseite des Klettbands von links auf den Umschlag nähen.
3 Die Hakenseite des Klettbands von rechts entlang der Kante auf die andere Kante des hinteren Schritts nähen.
4 Das übrige Stück des hinteren Schritts unterhalb des Klettbands rechts auf rechts zusammennähen.
5 0,5 cm Saum unten an beide Hosenbeine nähen.
6 Die Hosenbeine an den Innenbeinkanten rechts auf rechts zusammennähen.

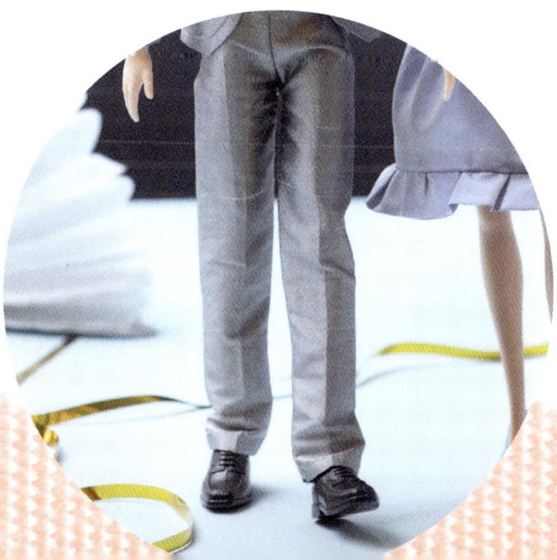

Eiskunstläuferin

Als versierte Sportlerin gewinnt Barbie mit Leichtigkeit die Goldmedaille im Eiskunstlauf! Als Champion auf dem Eis ist sie dabei natürlich stilvoll gekleidet.

Kleid

Material

• glänzender Stretchjersey mit 20% Elasthan in Violett (150 cm breit), 10 cm • Satinband in Violett, 5 mm breit, 9 cm lang • hautfarbener Stretchtüll (150 cm breit), 10 cm • Klettband, 1 cm breit, 8 cm lang • Strasssteine zum Aufbügeln

1 Die Strasssteine auf dem Stoff platzieren, ein dünnes Baumwolltuch darauflegen und den Strass aufbügeln.

2 An der oberen Partie des Oberteils (Tüllpartie) jeweils die Ärmelinnenkanten und fortlaufend die seitlichen Kanten rechts auf rechts zusammennähen.

3 Das Satinband mit einer langen Kante ringsum von rechts am Halsausschnitt festnähen.

4 Die obere und untere Partie des Oberteils rechts auf rechts zusammennähen.

5 Das Vorderteil und die Rückenteile des Rocks an den Seiten rechts auf rechts zusammennähen.

(Fortsetzung Seite 73)

2

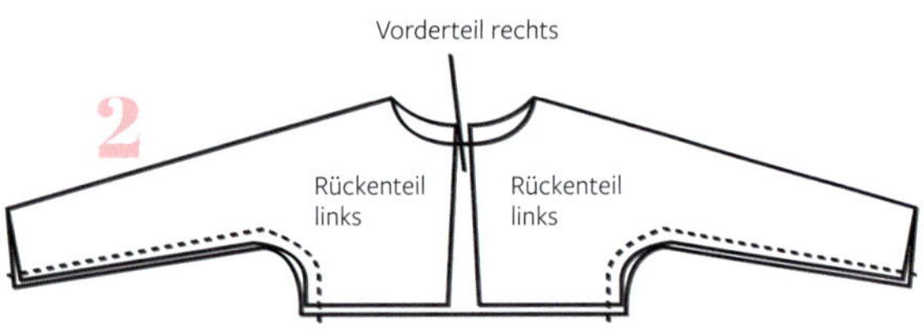

3

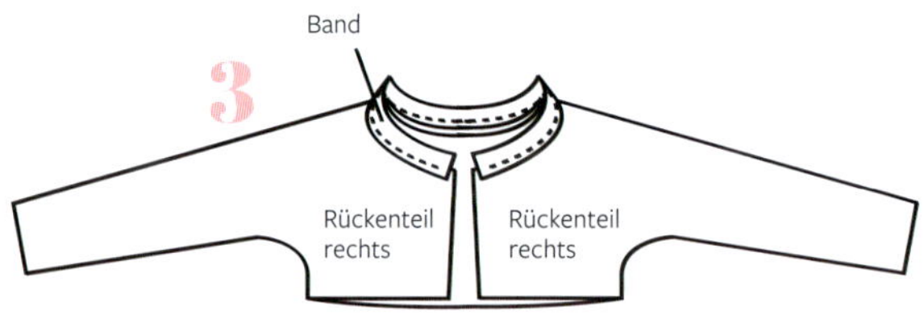

4

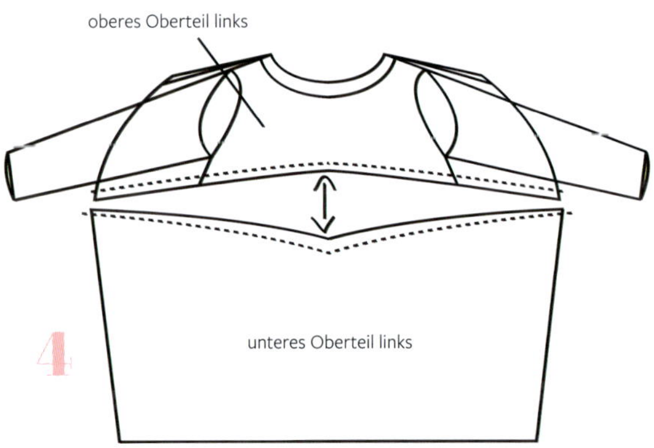

5

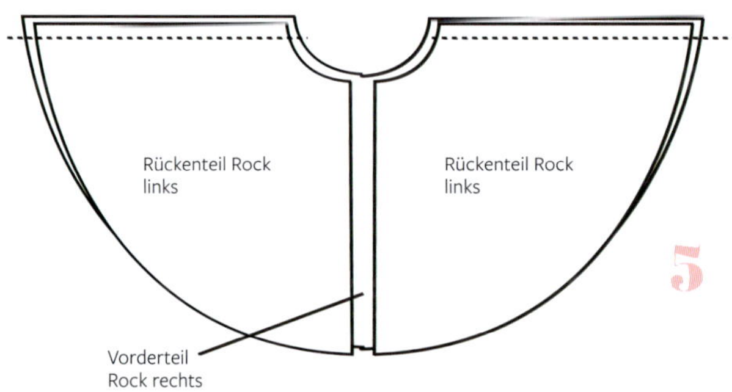

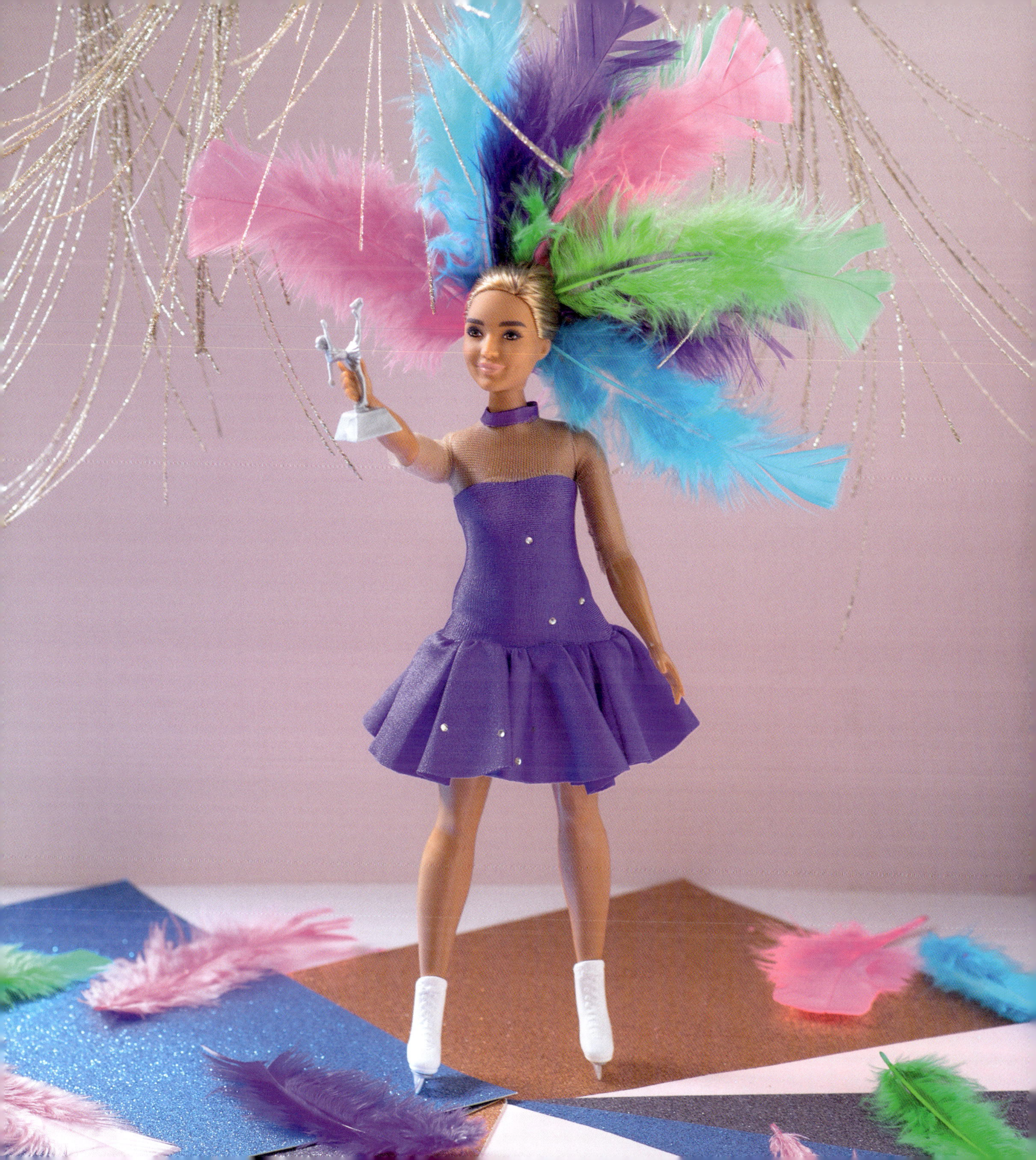

Schnittmuster in Originalgröße

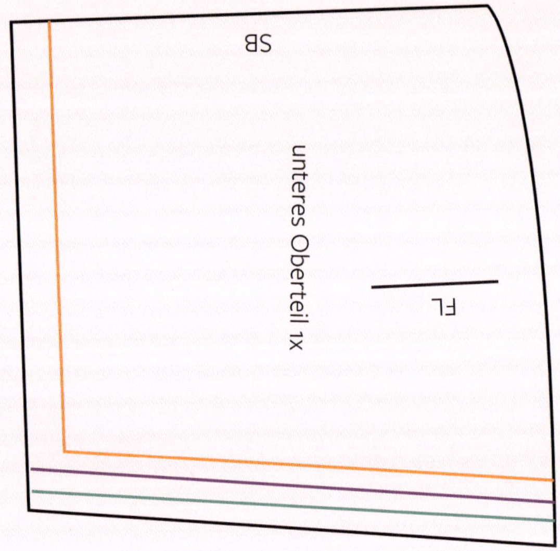

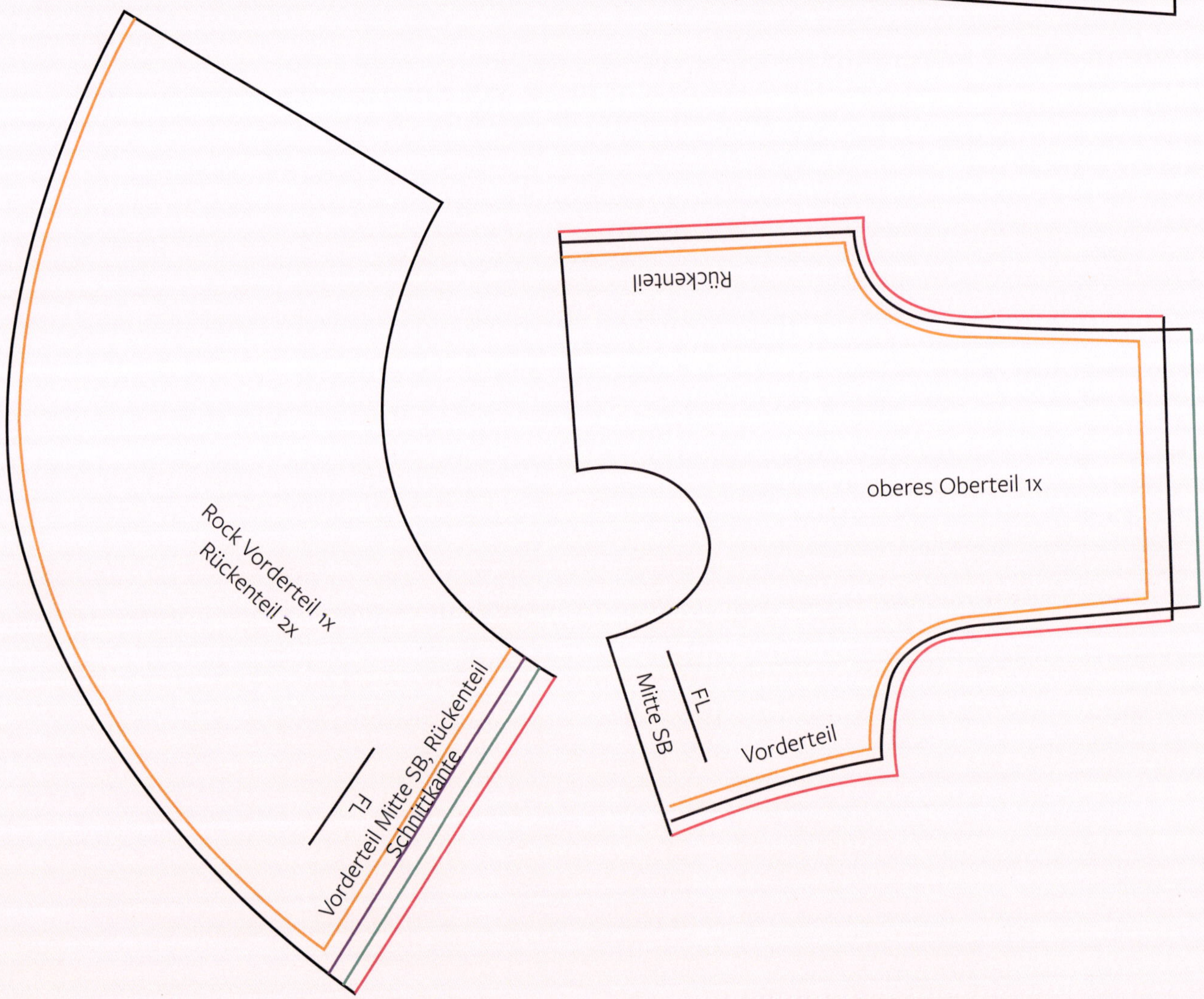

6 Den Rock an der Taille auf die Weite des Oberteils einkräuseln und rechts auf rechts an die Unterkante des Oberteils nähen.

7 Eine Kante der Öffnung am Rücken 5 mm breit nach innen umbügeln. Die Flauschseite des Klettbands auf den Umschlag nähen.

8 Die Hakenseite des Klettbands von rechts entlang der Kante auf das andere Rückenteil nähen.

9 Die übrige Öffnung am Rücken unterhalb des Klettbands rechts auf rechts zusammennähen.

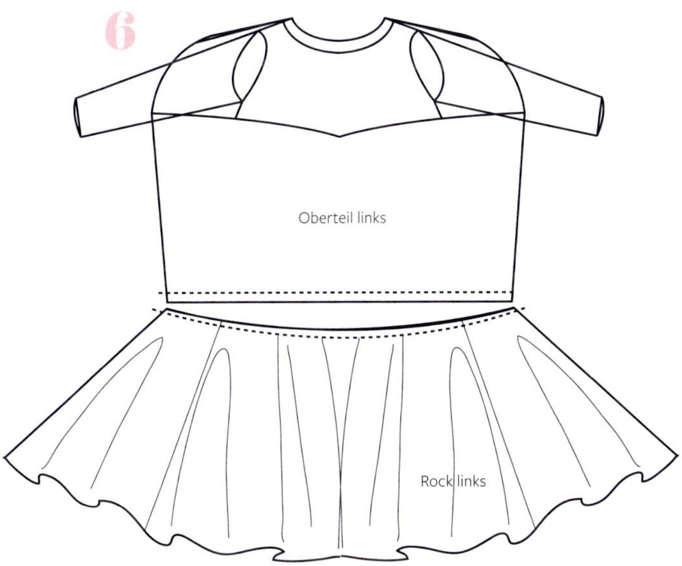

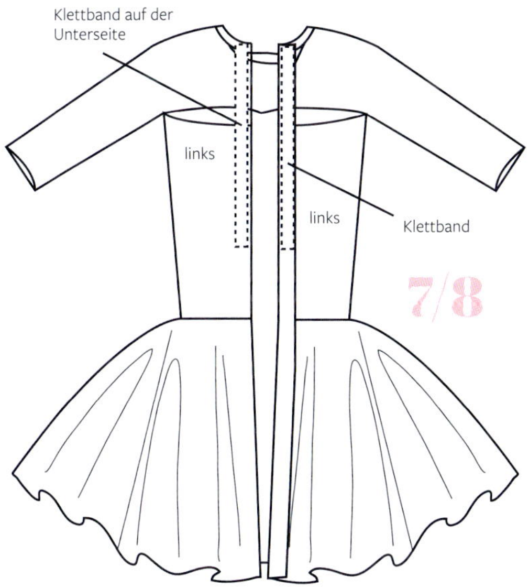

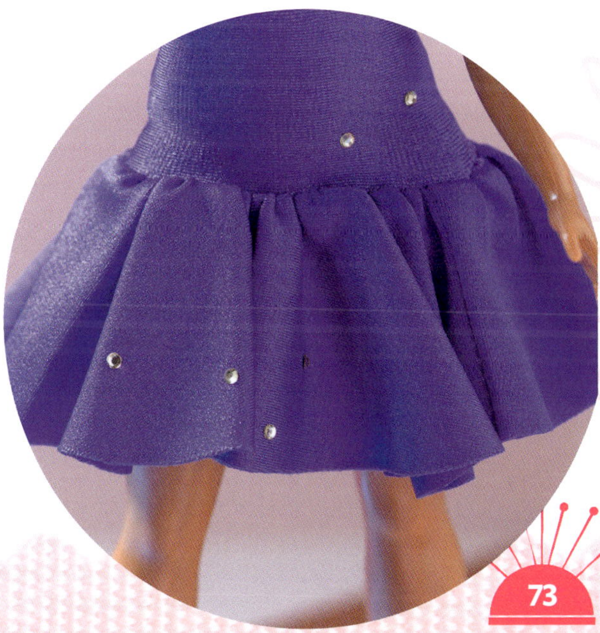

Haute Couture

So elegant gekleidet kann Barbie eine Modenschau oder eine glamouröse Abendveranstaltung in der Stadt besuchen.

1/2

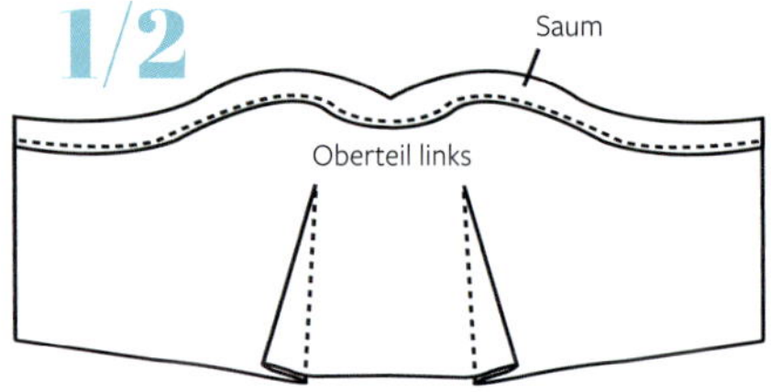

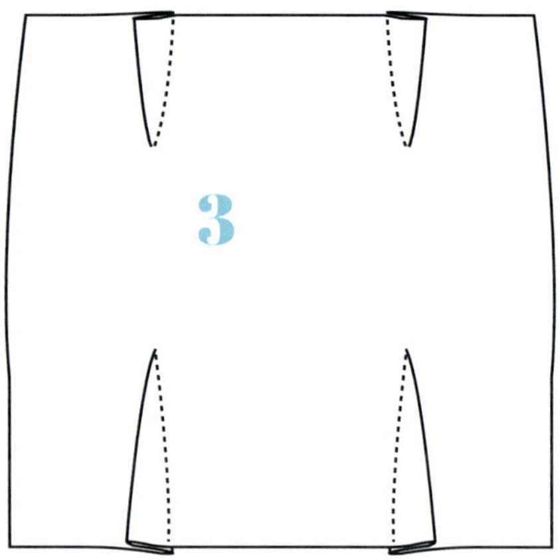

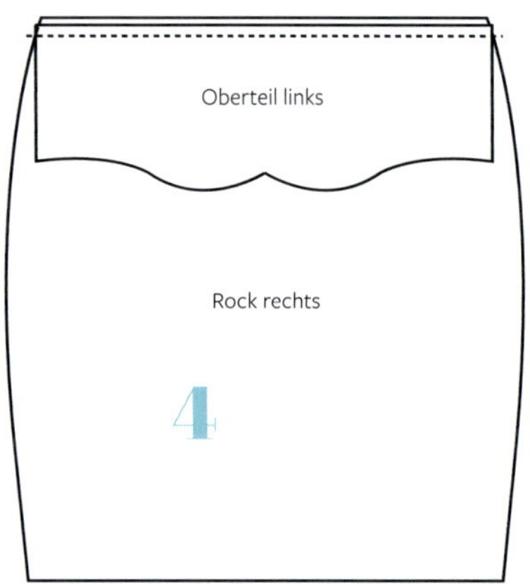

Kleid

Material

- **Doupionseide in Blaugrün (137 cm breit), 20 cm**
- **Klettband, 1 cm breit, 8 cm lang**

1 Auf der linken Stoffseite des Oberteils die Abnäher abstecken und nähen.

2 An der Oberkante des Oberteils einen 5 mm breiten Saum nähen.

3 Auf der linken Stoffseite des Rocks die Abnäher abstecken und nähen.

4 Das Oberteil und den Rock an den Taillenkanten rechts auf rechts zusammennähen.

5 Eine Längsseite des Volants auf die Weite des Rocksaums einkräuseln.

6 Den Volant rechts auf rechts an die Unterkante des Rocks nähen.

(Fortsetzung Seite 77)

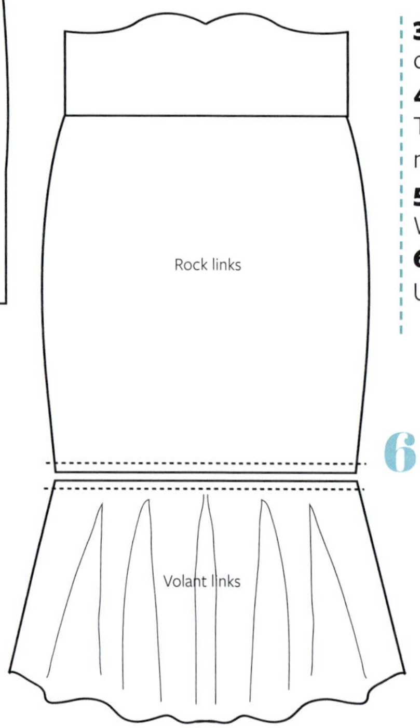

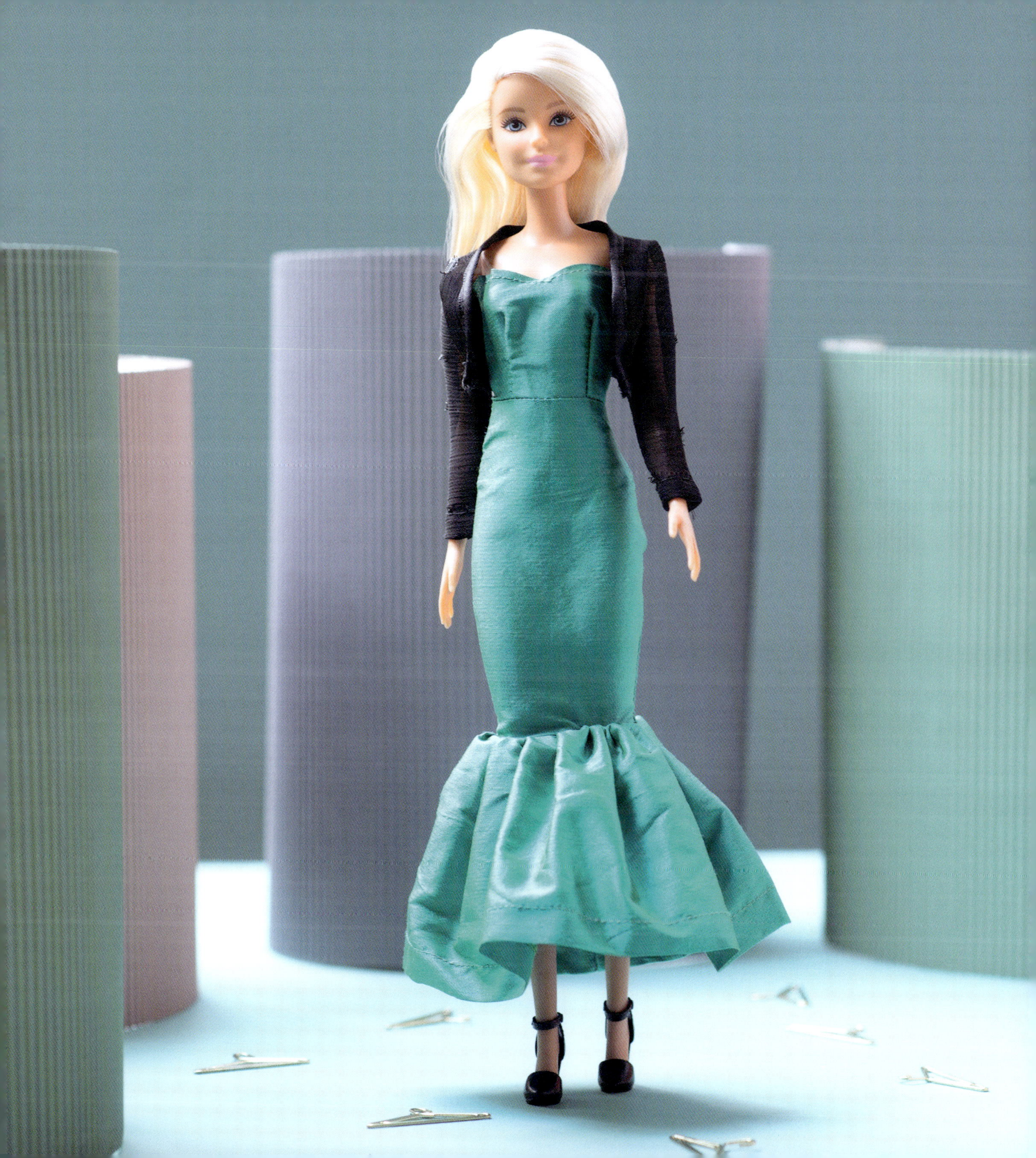

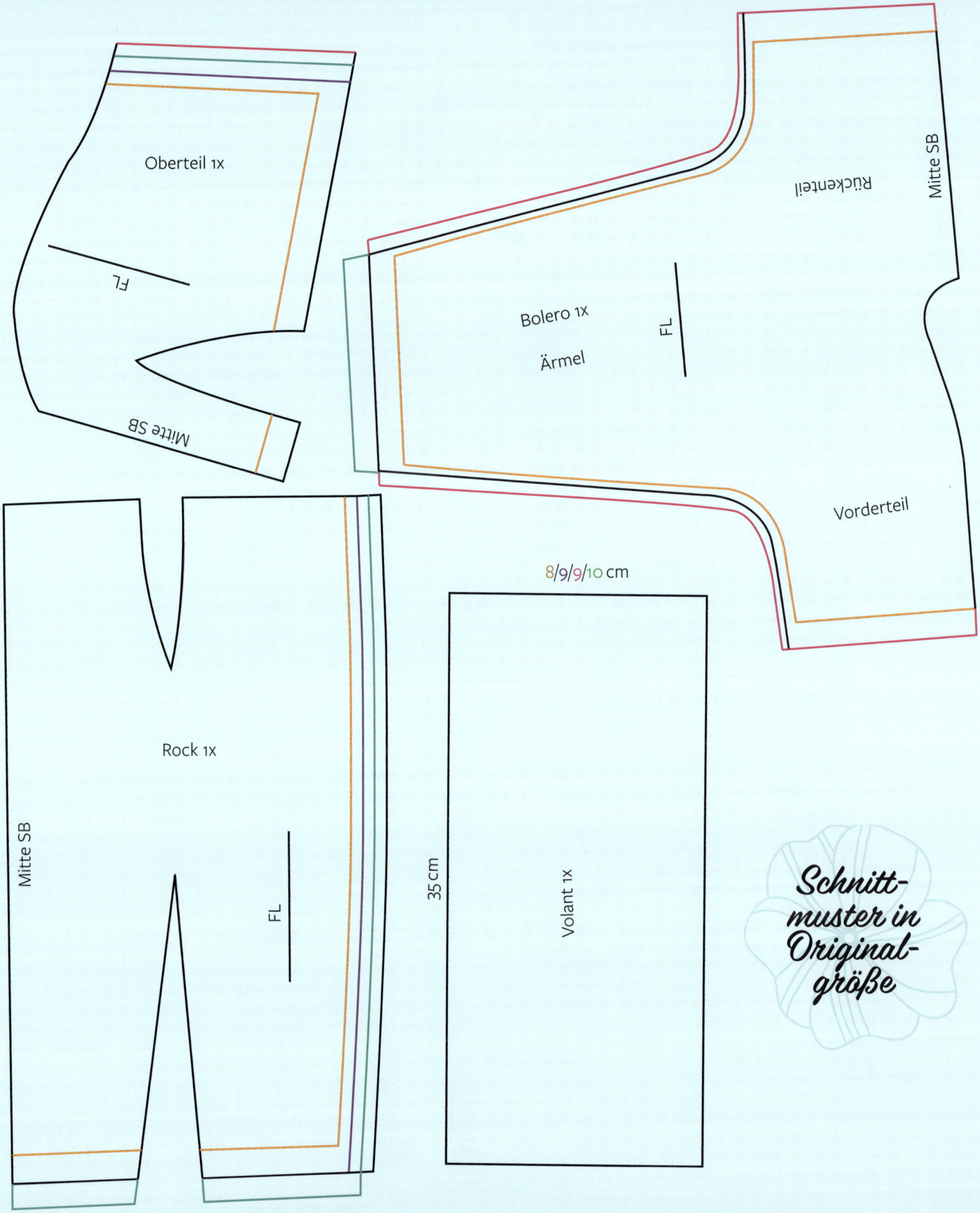

Schnittmuster in Originalgröße

7

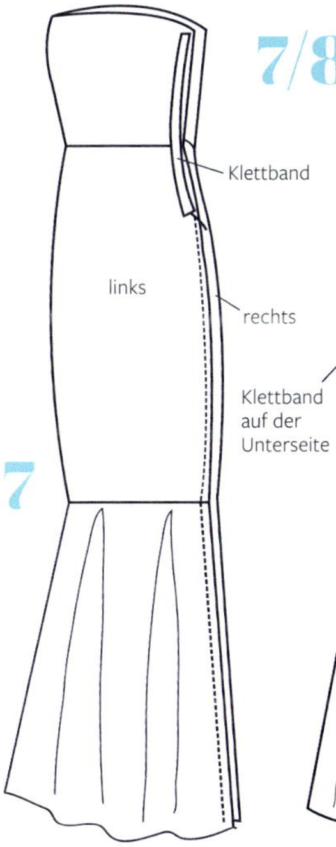

7/8

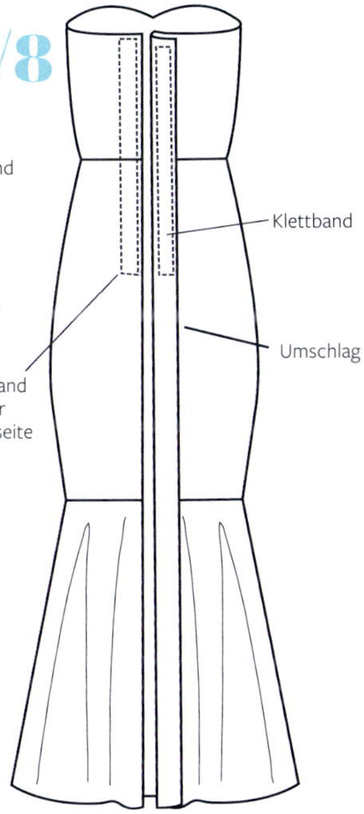

7 Eine Kante der Öffnung am Rücken 5 mm breit nach innen umbügeln. Die Flauschseite des Klettbands auf den Umschlag nähen.

8 Die Hakenseite des Klettbands von rechts entlang der Kante auf das andere Rückenteil nähen.

9 Die übrige Öffnung am Rücken unterhalb des Klettbands mit 5 mm Nahtzugabe rechts auf rechts zusammennähen.

Bolero

Material

• Tupfentüll in Schwarz (150 cm breit), 15 cm • Satinband in Schwarz, 1 cm breit, 12 cm lang

1 Das Satinband längs falten und bügeln.

2 Das Band ringsum über die Kante des Halsausschnitts des Boleros stülpen und festnähen.

3 Unten an den Ärmeln einen 5 mm breiten Saum nähen.

4 Jeweils die Ärmelinnenkanten und fortlaufend die seitlichen Kanten des Boleros rechts auf rechts zusammennähen.

2/3

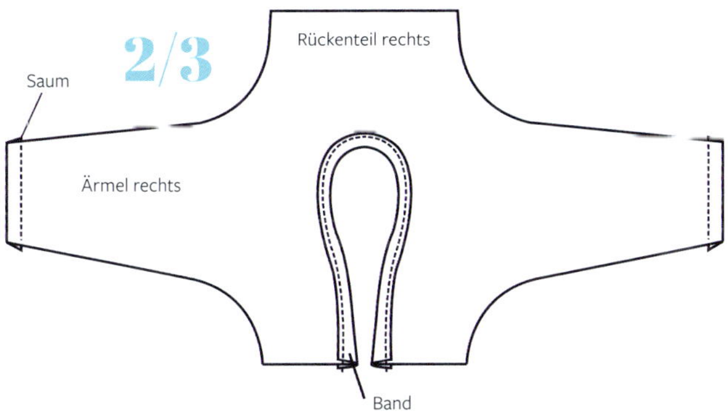

4

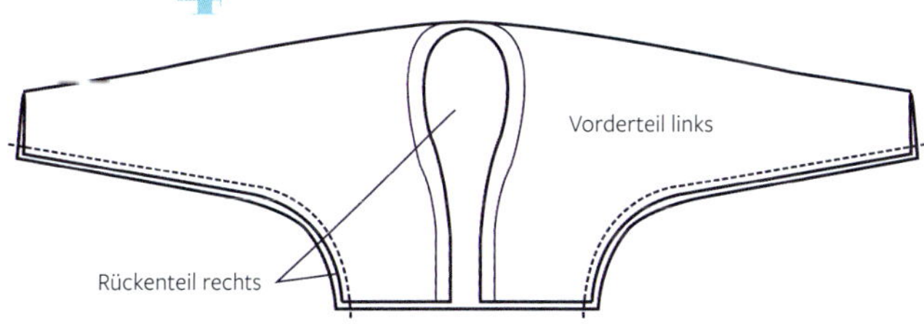

Barbie & Ken als Rockstars

Barbie und Ken sind Vollblutmusiker – hier ist das perfekte Outfit für ihre Rockkonzerte

Barbies Top

Material

- **Viskosejersey in Rubinrot (140 cm breit), 10 cm**
- **Klettband, 1 cm breit, 5 cm lang**

1 Am Halsausschnitt und den Armausschnitten des Vorderteils und der Rückenteile jeweils einen 5 mm breiten Saum nähen.

2 Das Vorderteil und die Rückenteile an den Seiten sowie den Schulterkanten rechts auf rechts zusammennähen.

3 An der Unterkante des Tops einen 5 mm breiten Saum nähen.

4 Eine Kante der Öffnung am Rücken 5 mm breit nach innen umbügeln. Die Flauschseite des Klettbands auf den Umschlag nähen.

5 Die Hakenseite des Klettbands von rechts entlang der Kante auf das andere Rückenteil nähen.

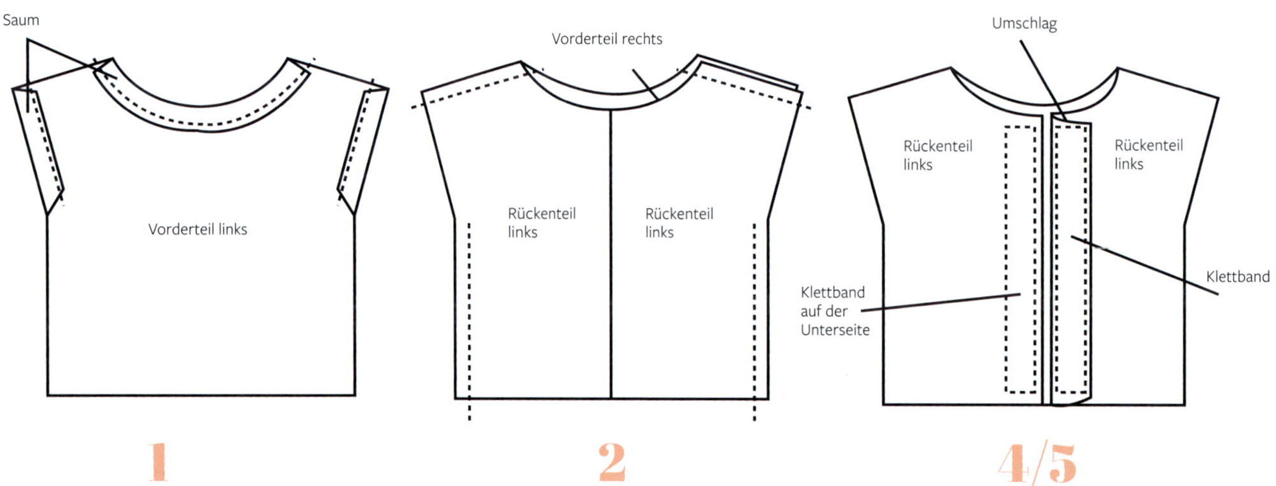

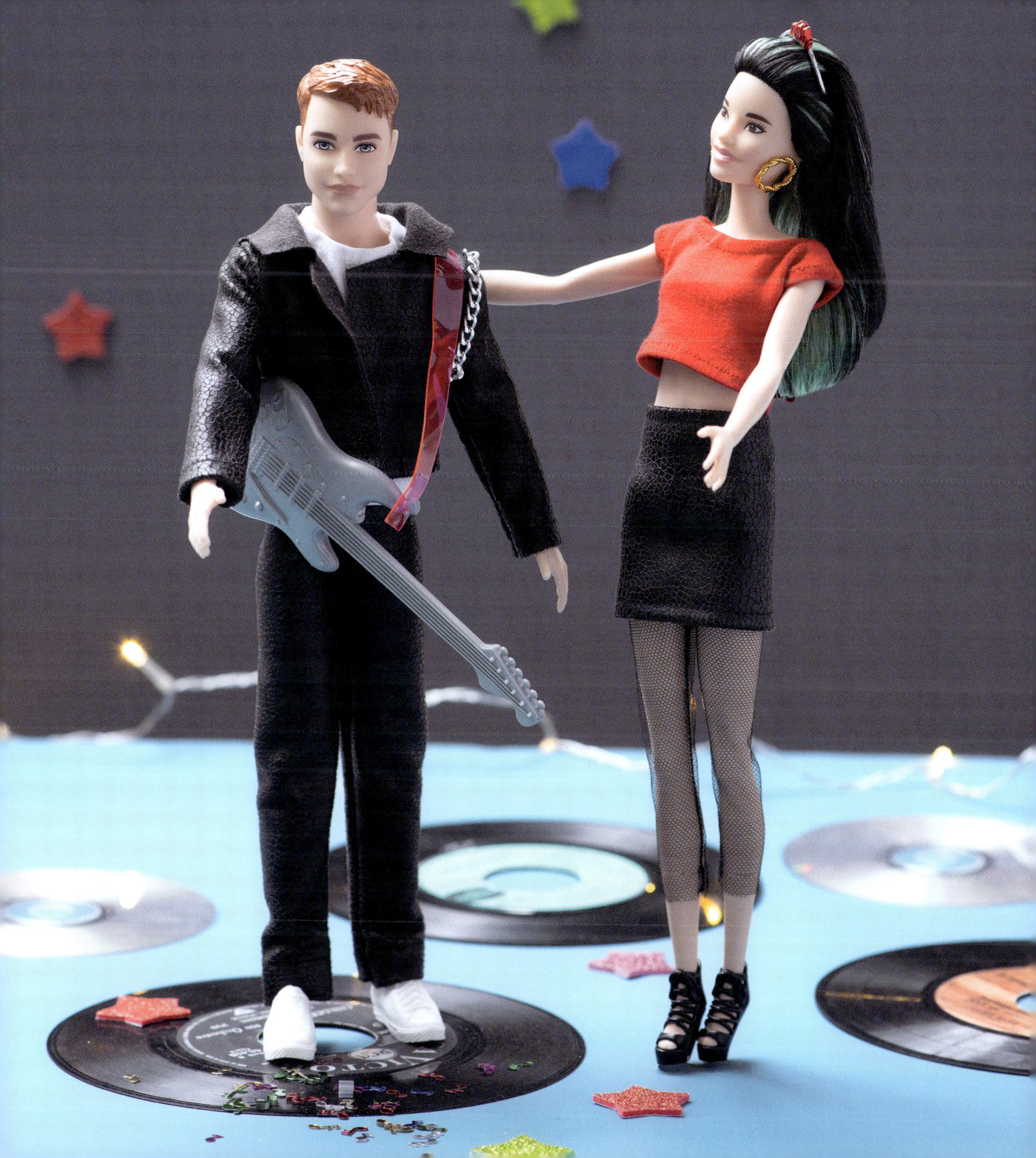

Schnittmuster in Originalgröße

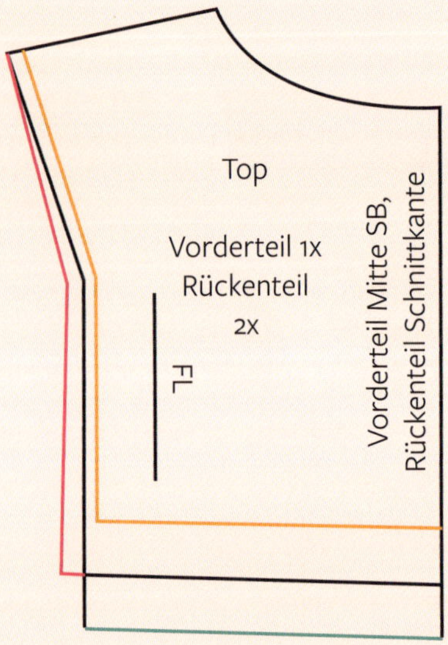

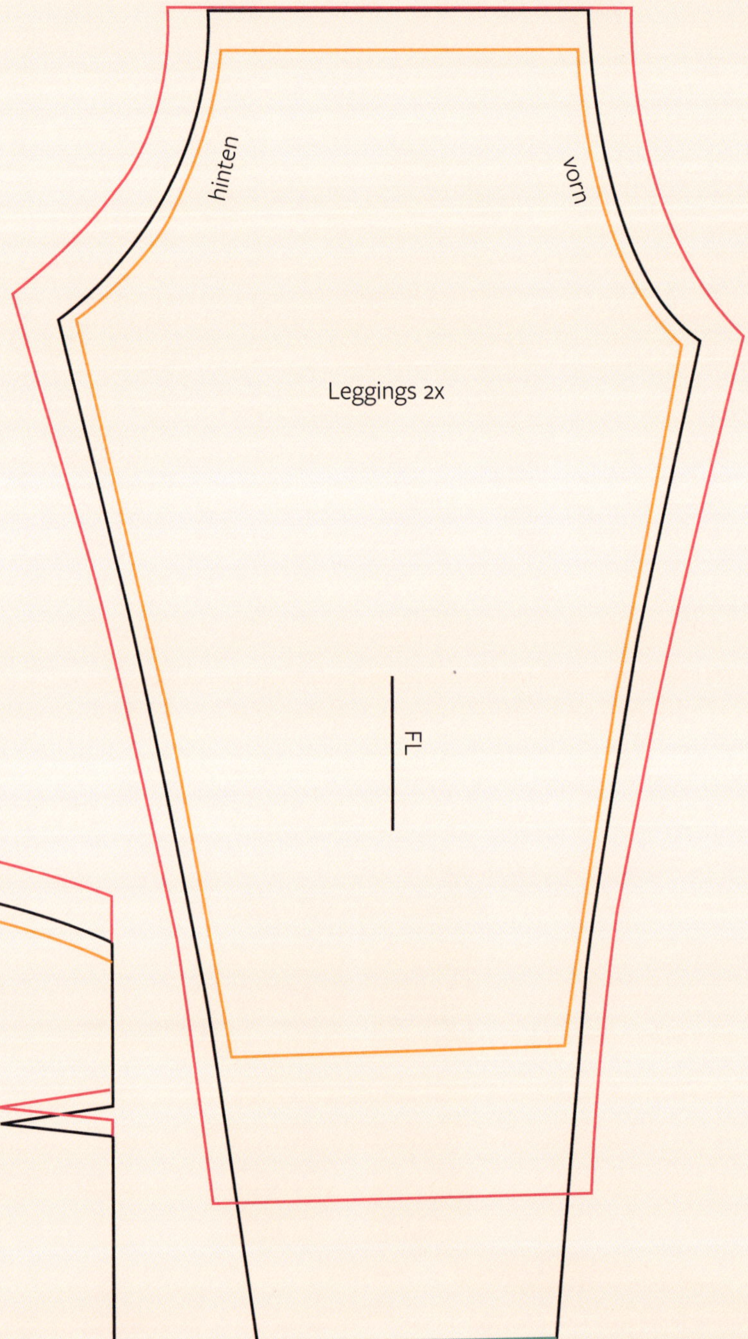

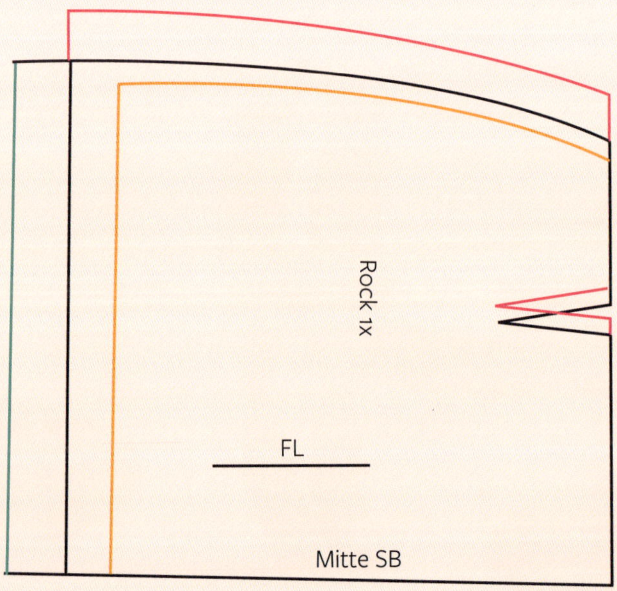

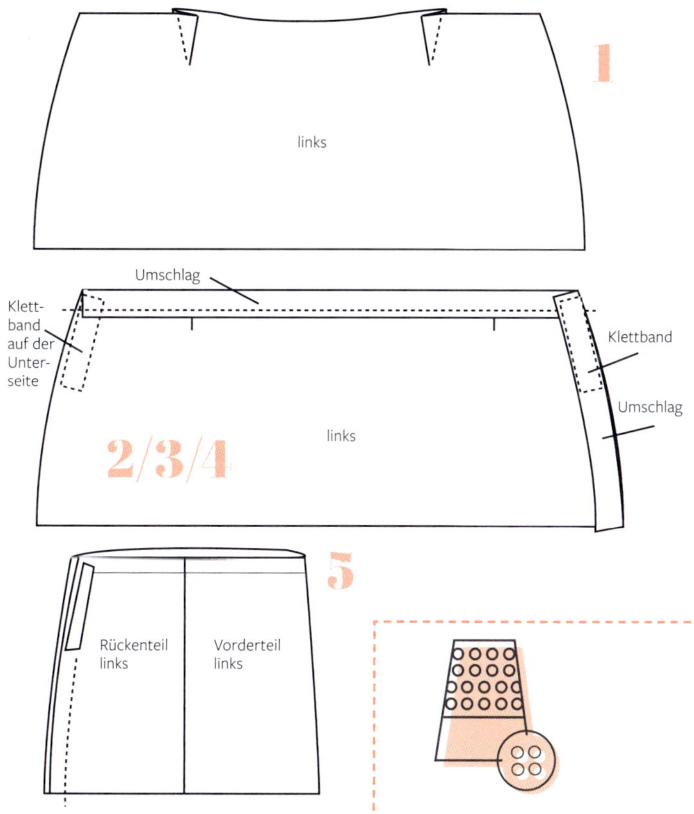

Barbies Rock

Material

- **weiches Kunstleder in Schwarz (147 cm breit), 10 cm**

1 Auf der linken Stoffseite des Rocks die Abnäher abstecken und nähen.

2 An der Ober- und Unterkante des Rocks einen 5 mm breiten Saum nähen.

3 Eine rückwärtige Kante 5 mm breit nach innen umbügeln. Die Flauschseite des Klettbands auf den Umschlag nähen.

4 Die Hakenseite des Klettbands von rechts entlang der anderen rückwärtigen Kante aufnähen.

5 Das übrige Stück der rückwärtigen Kanten unterhalb des Klettbands rechts auf rechts zusammennähen.

Barbies Leggings

Material

- **Stretchtüll in Schwarz (150 cm breit), 20 cm**
- **Klettband, 1 cm breit, 2,5 cm lang**

1 Die vorderen Schrittkanten rechts auf rechts zusammennähen. An der Oberkante der Leggings einen 5 mm breiten Saum nähen.

2 Eine Kante des hinteren Schritts 5 mm breit nach innen umbügeln und die Flauschseite des Klettbands von links auf den Umschlag nähen.

3 Die Hakenseite des Klettbands von rechts entlang der Kante auf die andere Seite des hinteren Schritts nähen.

4 Die übrige hintere Schrittrundung unterhalb des Klettbands rechts auf rechts zusammennähen.

5 Die Leggings an den Innenbeinkanten rechts auf rechts zusammennähen.

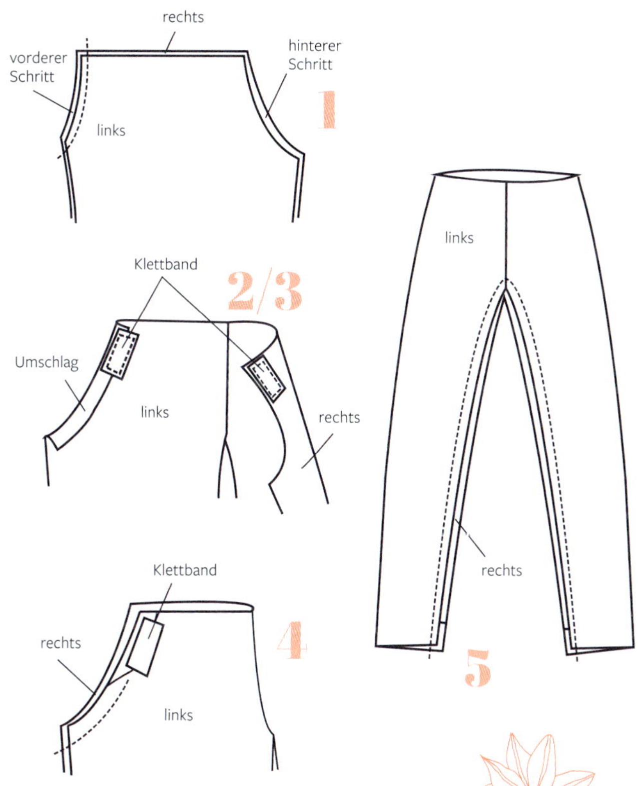

Schnitt-muster in Original-größe

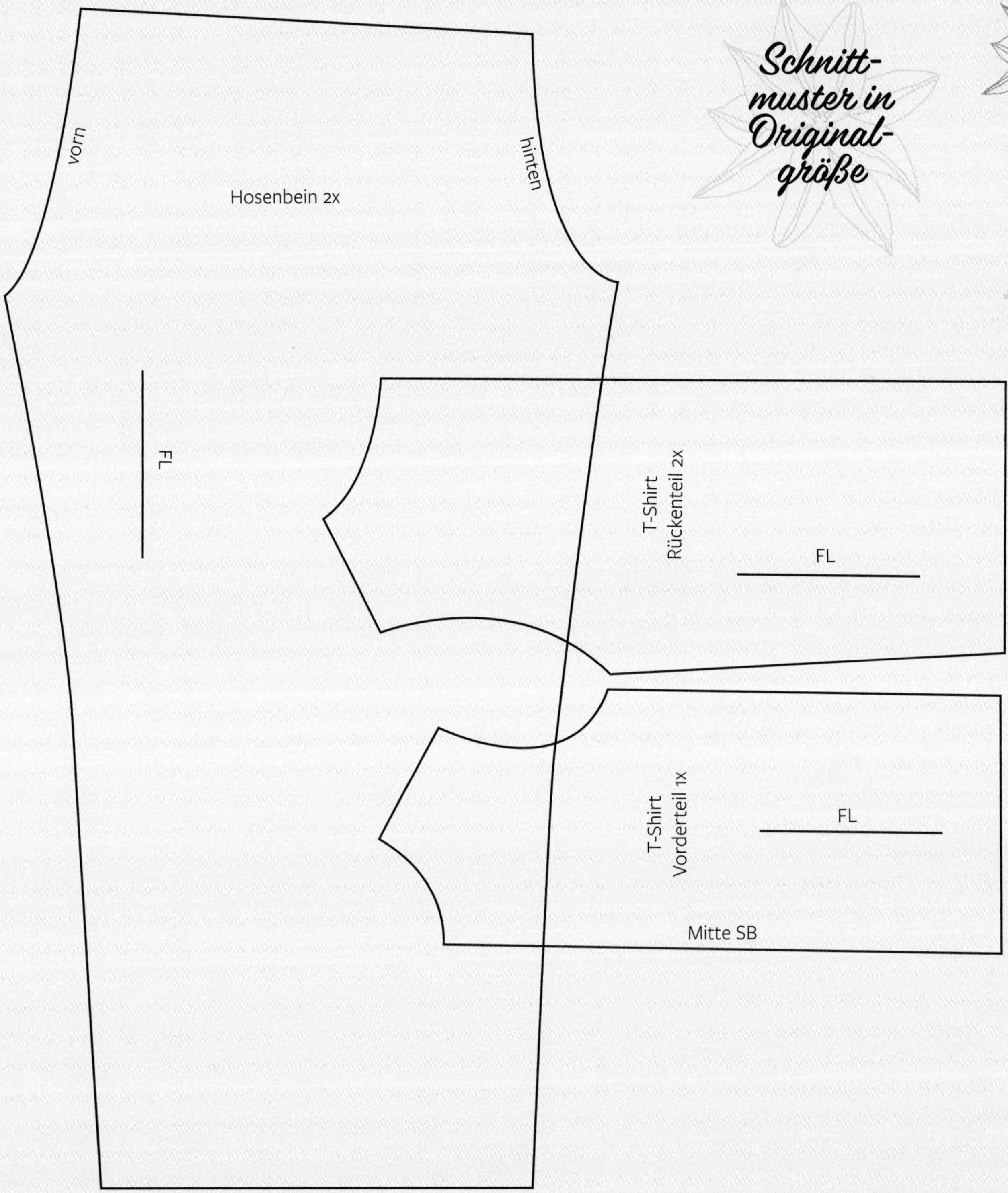

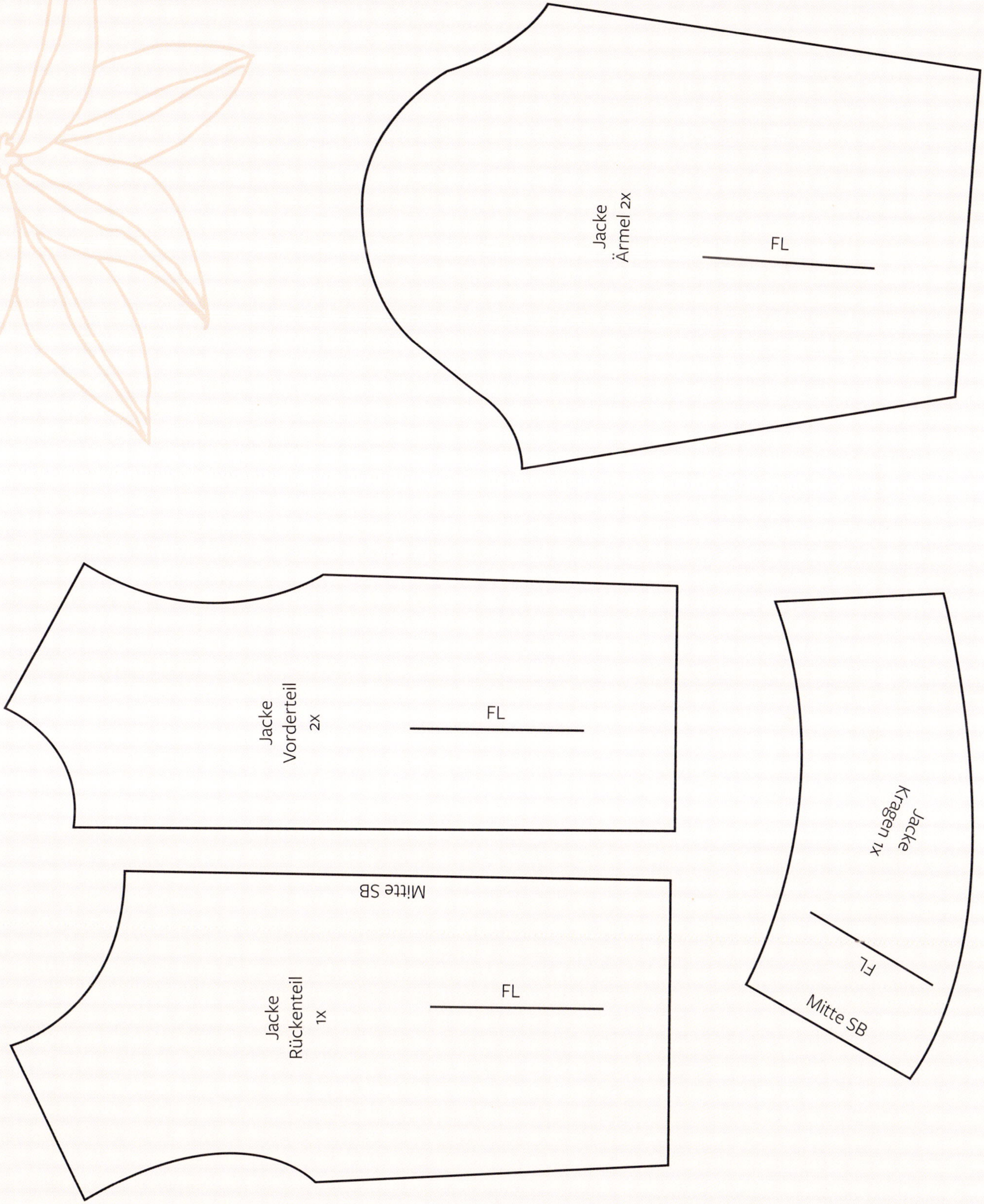
Jacke
Ärmel 2x
FL
Jacke
Vorderteil
2x
FL
Mitte SB
Jacke
Rückenteil
1x
FL
Jacke
Kragen 1x
FL
Mitte SB

Kens T-Shirt

Material

• Viskosejersey in Elfenbein (140 cm breit), 10 cm
• Klettband, 1 cm breit, 8 cm lang

1 Das Vorderteil und die Rückenteile an den Schulterkanten rechts auf rechts zusammennähen.

2 Am Halsausschnitt und an den Armausschnitten einen 5 mm breiten Saum nähen.

3 Das Vorderteil und die Rückenteile an den Seiten rechts auf rechts zusammennähen.

4 An der Unterkante des T-Shirts einen 5 mm breiten Saum nähen.

5 Eine Kante der Öffnung am Rücken 5 mm breit nach innen umbügeln. Die Flauschseite des Klettbands auf den Umschlag nähen.

6 Die Hakenseite des Klettbands von rechts entlang der Kante auf das andere Rückenteil nähen.

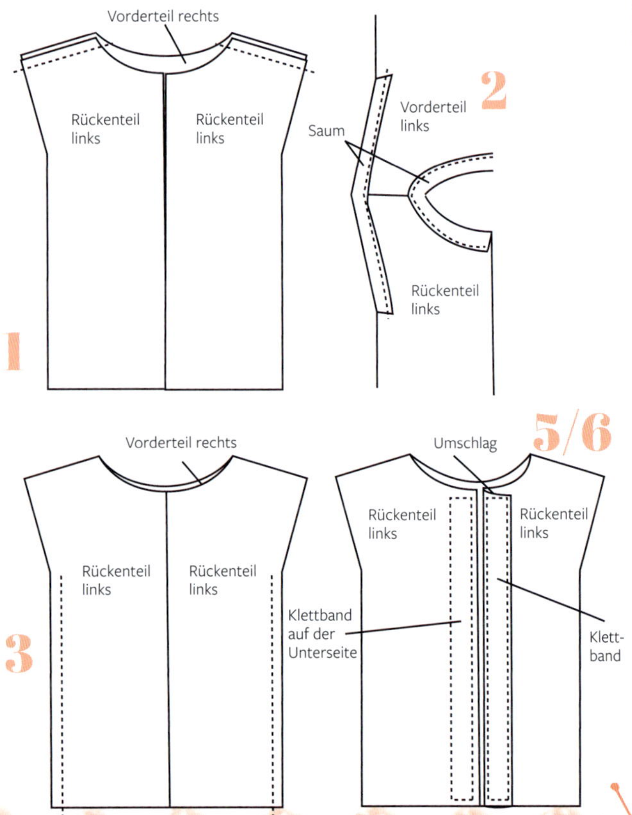

Kens Hose

Material

• weiches Kunstleder in Schwarz (147 cm breit), 20 cm • Klettband, 1 cm breit, 3 cm lang

1 Die vorderen Schrittkanten rechts auf rechts zusammennähen. An der Oberkante der Hose einen 5 mm breiten Saum nähen.

2 Eine Kante des hinteren Schritts 5 mm breit nach innen umbügeln und die Flauschseite des Klettbands von links auf den Umschlag nähen.

3 Die Hakenseite des Klettbands von rechts entlang der Kante auf die andere Seite des hinteren Schritts nähen.

4 Das übrige Stück des hinteren Schritts unterhalb des Klettbands rechts auf rechts zusammennähen.

5 Unten an den Hosenbeinen einen 5 mm breiten Saum nähen.

6 Die Hose an den Innenbeinkanten rechts auf rechts zusammennähen.

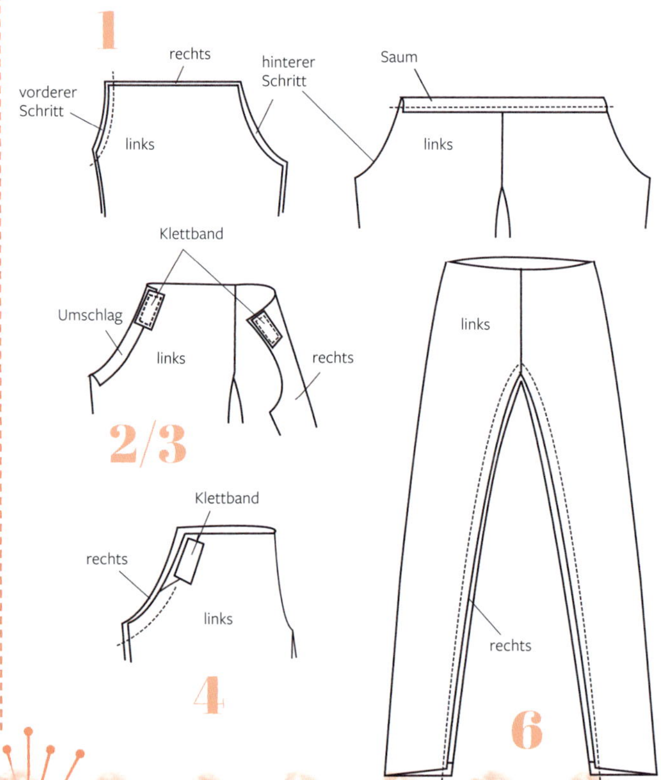

Kens Jacke

Material

• weiches Kunstleder in Schwarz (147 cm breit), 12 cm lang • Gliederkette in Silber, 12 cm lang

1 Die Vorderteile und das Rückenteil an den Schulterkanten rechts auf rechts zusammennähen.
2 Die Ärmel rechts auf rechts in die Armausschnitte nähen.
3 An den Ärmeln unten einen 5 mm breiten Saum nähen.
4 Die Vorderteile und das Rückenteil an den Seiten sowie den Innenärmelkanten rechts auf rechts zusammennähen.
5 Den Kragen rechts auf links an den Halsausschnitt der Jacke nähen; dabei an der hinteren Mitte beginnen.
6 Den Kragen auf die rechte Seite der Jacke umschlagen. An der Unterkante der Jacke einen 5 mm breiten Saum nähen.
7 Die Enden der Kette von Hand an einer Schulter und am Vorderteil annähen.

1

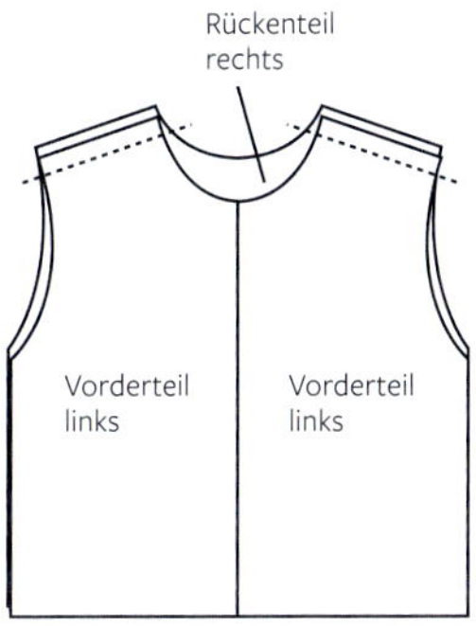

2/3

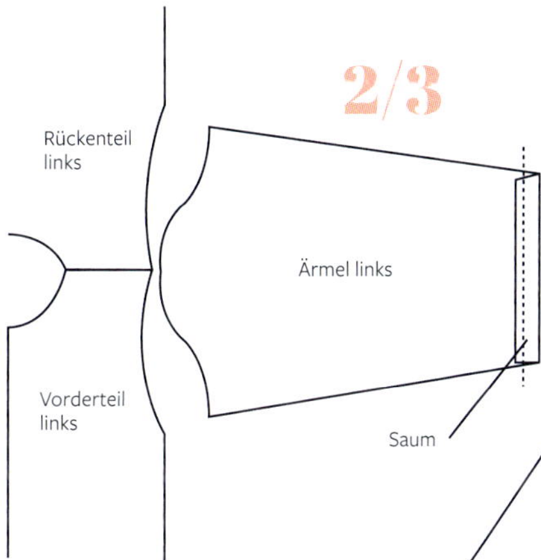

6

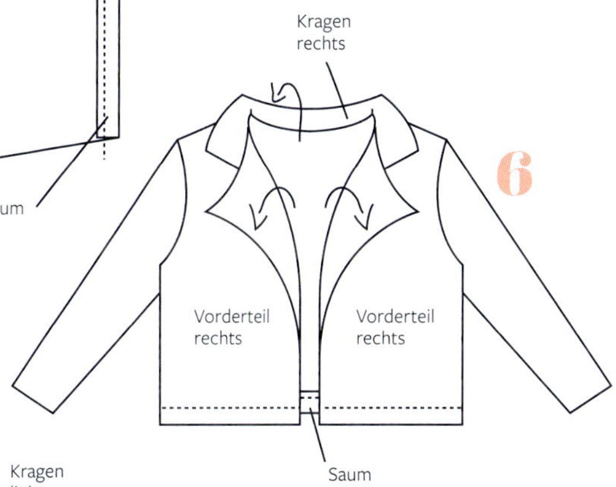

4

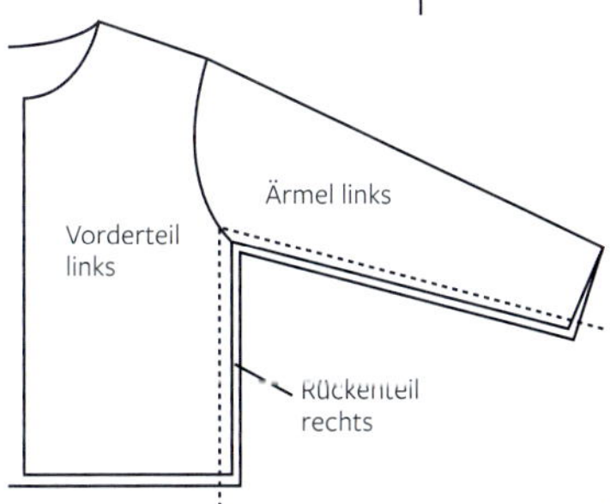

5

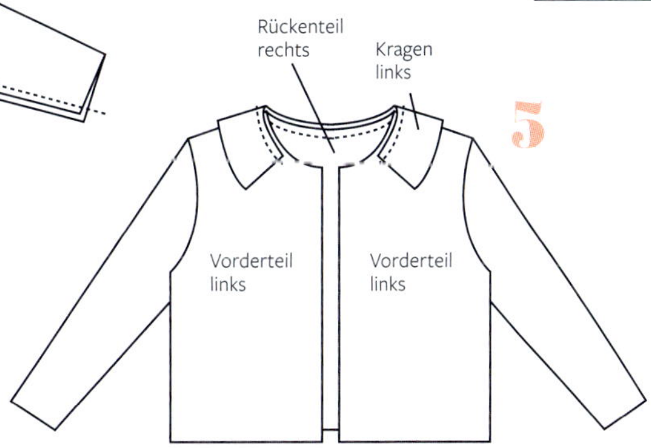

Halloween

Achtung! Barbie ist die schönste aller Hexen und versteckt sich im Schatten, um die Süßschnäbel zu verhexen. Also: Süßes oder Saures?

Top

Material

• feiner, dicht gewebter Baumwollstoff in Orange (150 cm breit), 10 cm • feiner Tüll in Schwarz (150 cm breit), 5 cm • Satinband in Schwarz, 8 mm breit, 15 cm lang • Klettband, 1 cm breit, 3 cm lang

1 Auf der linken Stoffseite des Tops die Abnäher abstecken und nähen.

2 An der Oberkante des Tops einen 5 mm breiten Saum nähen.

3 In der Mitte des Satinbands eine etwa 2 cm breite Schleife binden.

4 Das Satinband auf rechts so an die Unterkante des Tops stecken, dass die Schleife an der vorderen Mitte sitzt, und festnähen.

5 Eine der rückwärtigen Kanten 5 mm breit nach innen umbügeln. Die Flauschseite des Klettbands auf den Umschlag nähen.

6 Die Hakenseite des Klettbands von rechts entlang der Kante auf die andere rückwärtige Kante nähen.

7 Die Enden beider Träger einkräuseln.

8 Die Träger gemäß Schnittmarkierungen an der Oberkante des Tops festnähen.

1
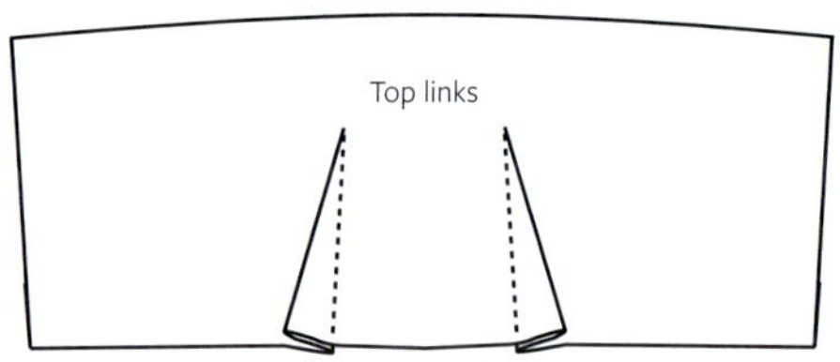

2
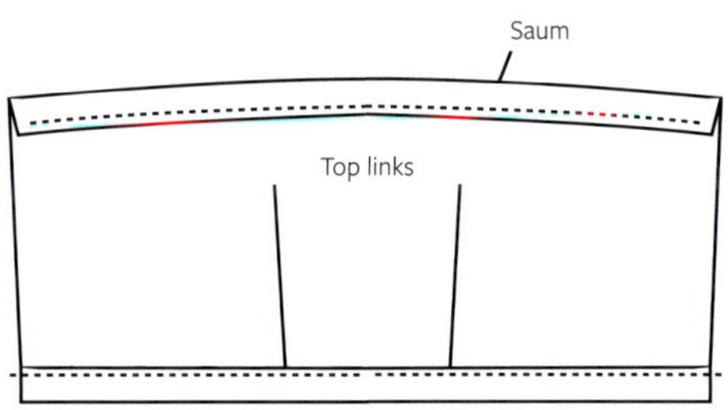

3

4
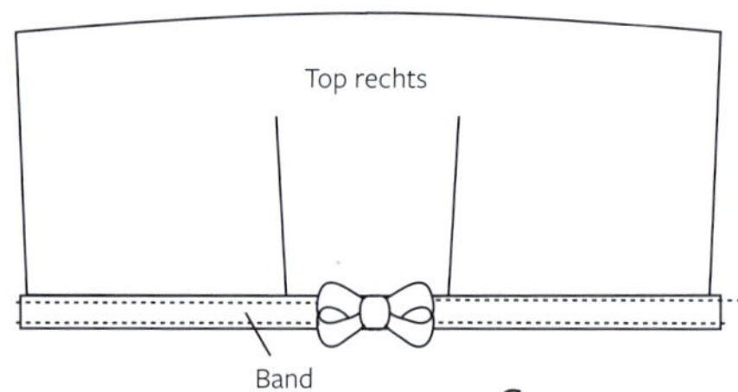

5/6
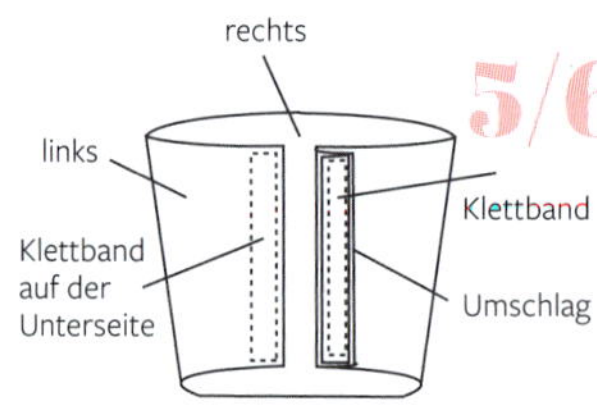

7
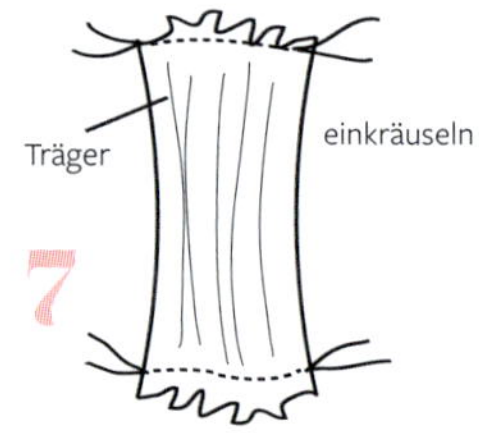

8
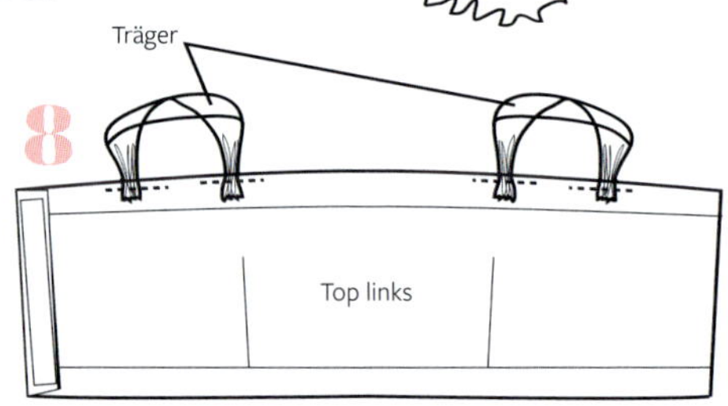

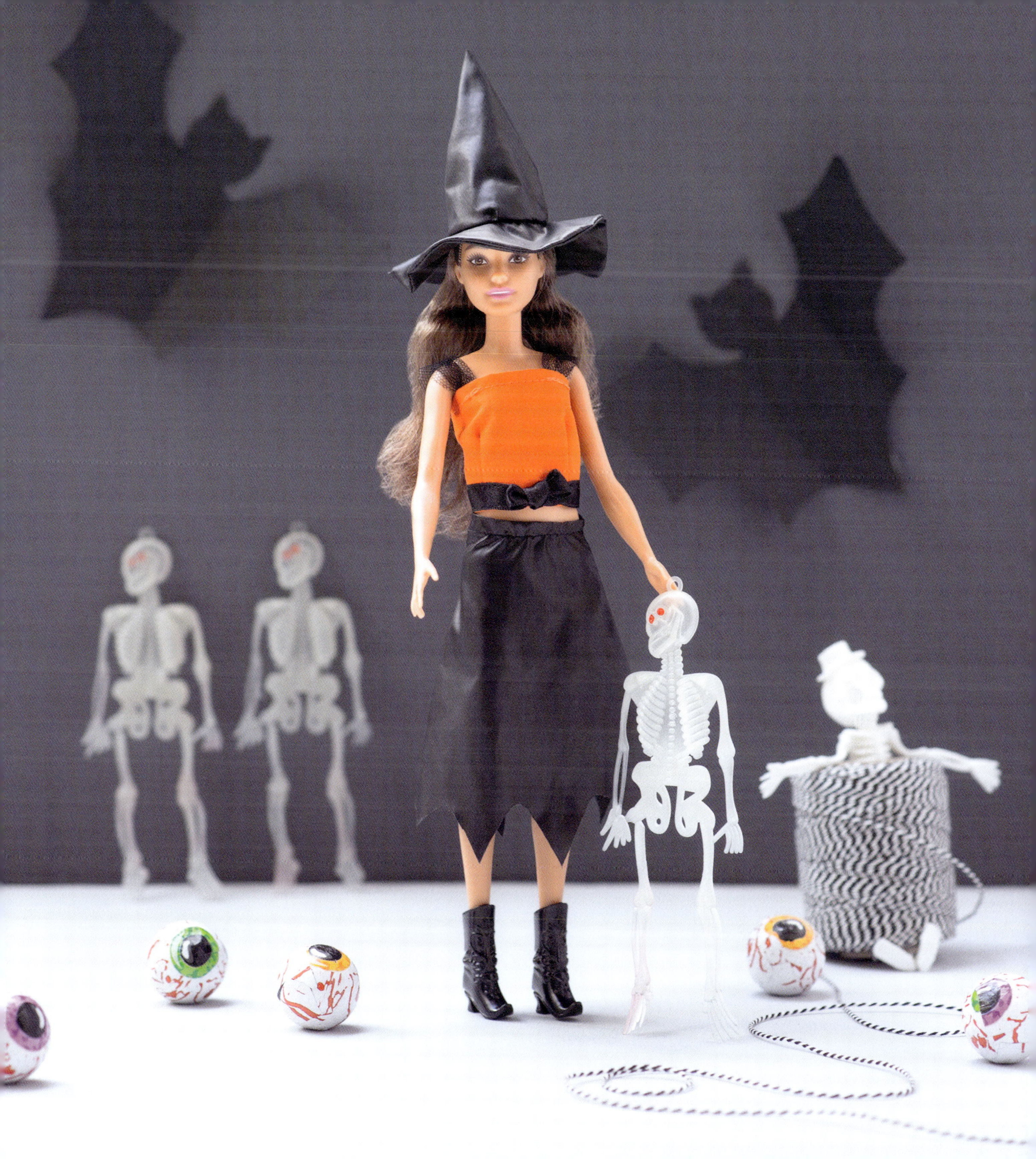

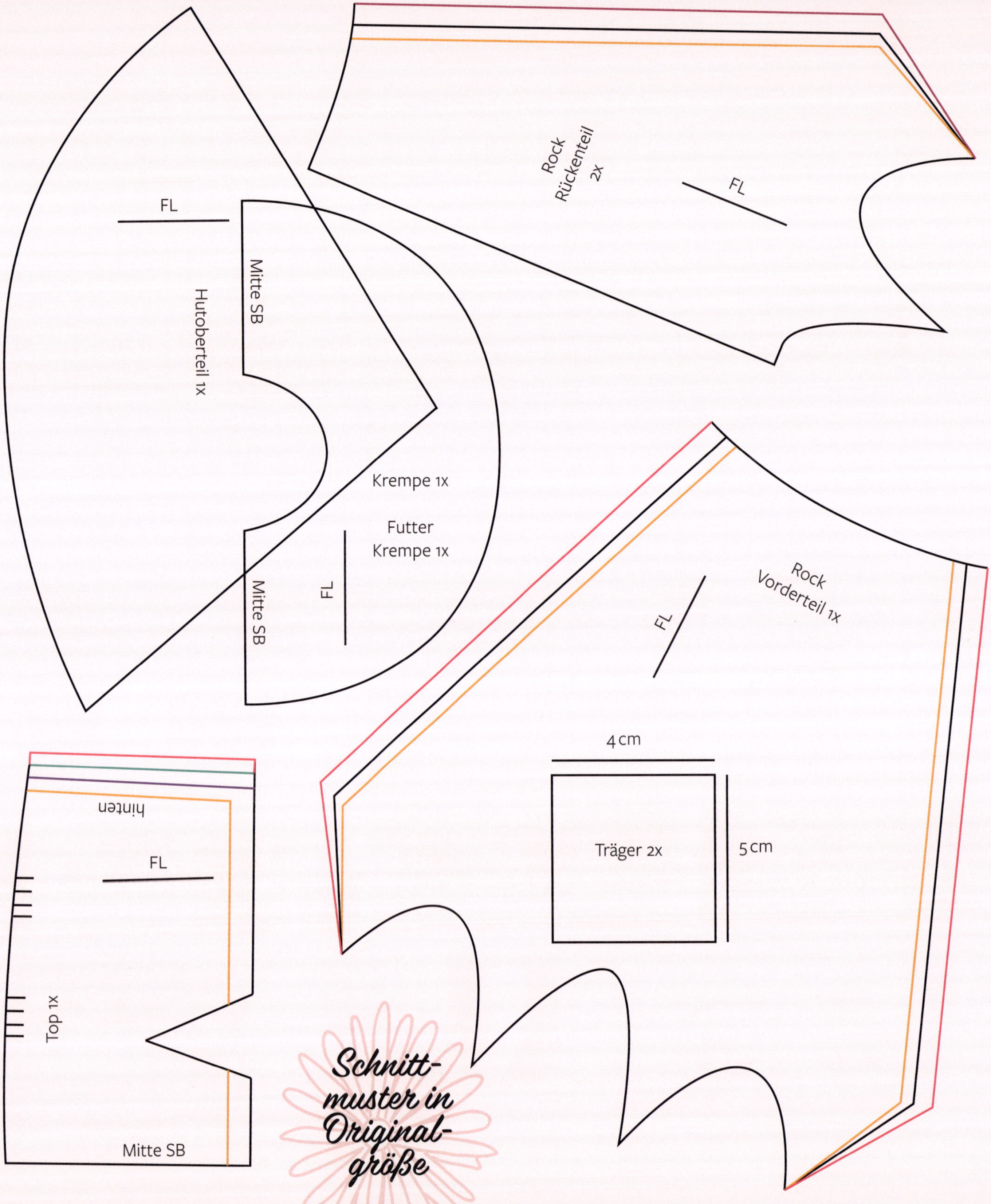

Schnitt-muster in Original-größe

Rock

Material

• Regenjackenstoff (Mikrofaser) in Schwarz (160 cm breit), 15 cm

• Klettband, 1 cm breit, 3 cm lang

1 Das Vorder- und die Rückenteile an den Seiten mit 5 mm Nahtzugabe rechts auf rechts zusammennähen.

2 An der Oberkante des Rocks einen 5 mm breiten Saum umbügeln und festnähen.

3 Eine Kante der Öffnung am Rücken 5 mm breit nach innen umbügeln. Die Flauschseite des Klettbands auf den Umschlag nähen.

4 Die Hakenseite des Klettbands von rechts entlang der Kante auf das andere Rückenteil nähen.

5 Das übrige Stück der hinteren Mitte rechts auf rechts zusammennähen.

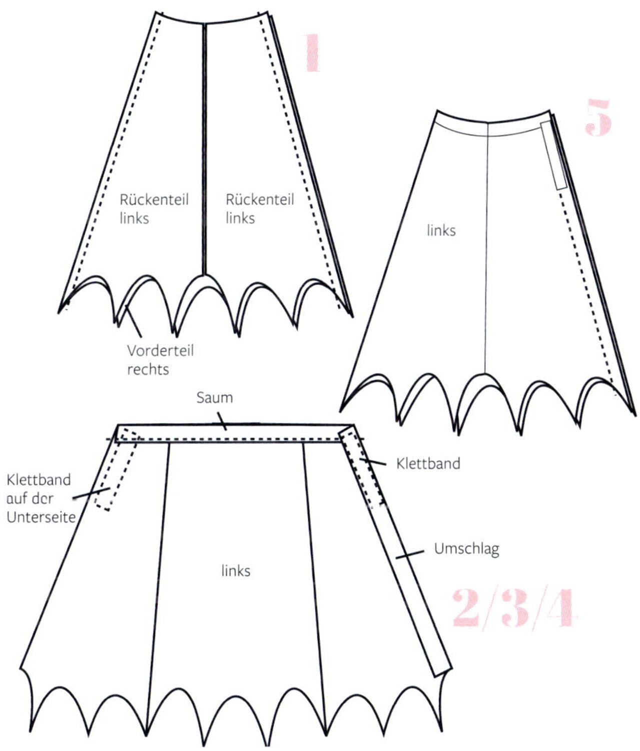

Hut

Material

• Regenjackenstoff (Mikrofaser) in Schwarz (160 cm breit), 10 cm

1 Die beiden Teile der Krempe an der Außenkante mit 5 mm Nahtzugabe rechts auf rechts zusammennähen.

2 Die Krempe auf rechts wenden, dann die gerundete Kante des Hutoberteils rechts auf rechts an die Innenkante der Krempe stecken und mit 5 mm Nahtzugabe festnähen.

3 Den Hut auf links wenden, dann die Seitenkanten des Hutoberteils mit 5 mm Nahtzugabe rechts auf rechts zusammennähen. Den Hut auf rechts wenden.

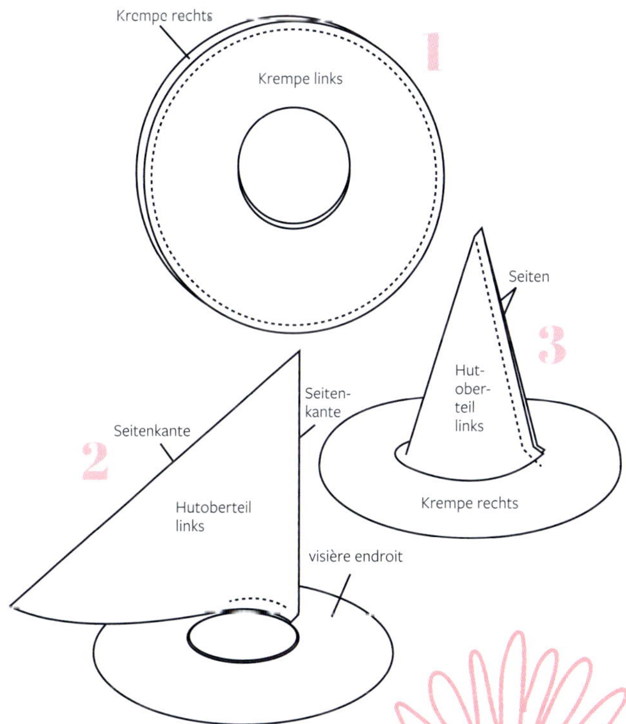

Kigurumi

In ihrem einteiligen Pyjama, den sie extra für ihren Mädelsabend ausgesucht hat, sieht Barbie richtig süß aus. Das wird gemütlich und lustig!

Material

Nicki-Jersey in Hellrosa (165 cm breit), 20 cm • Filz in Weiß, 1 mm stark, 30 cm x 8 cm • 1 Textilmarker in Schwarz • 1 kleiner Pompon in Pink zum Annähen • Stickgarn in Schwarz • Klettband, 1 cm breit, 10 cm lang • Textilkleber

1 Die beiden Bauchteile aus Filz von rechts gemäß den Schnittmarkierungen auf die Vorderteile legen und ringsum aufnähen.

2 Die beiden Vorderteile entlang der vorderen Mitte von unten nach oben bis zur Markierung der Öffnung rechts auf rechts zusammennähen.

3 Die beiden Rückenteile entlang der hinteren Mitte mit 5 mm Nahtzugabe rechts auf rechts zusammennähen; dabei den Pompon an der Markierung einschieben und mit festnähen.

(Fortsetzung Seite 94)

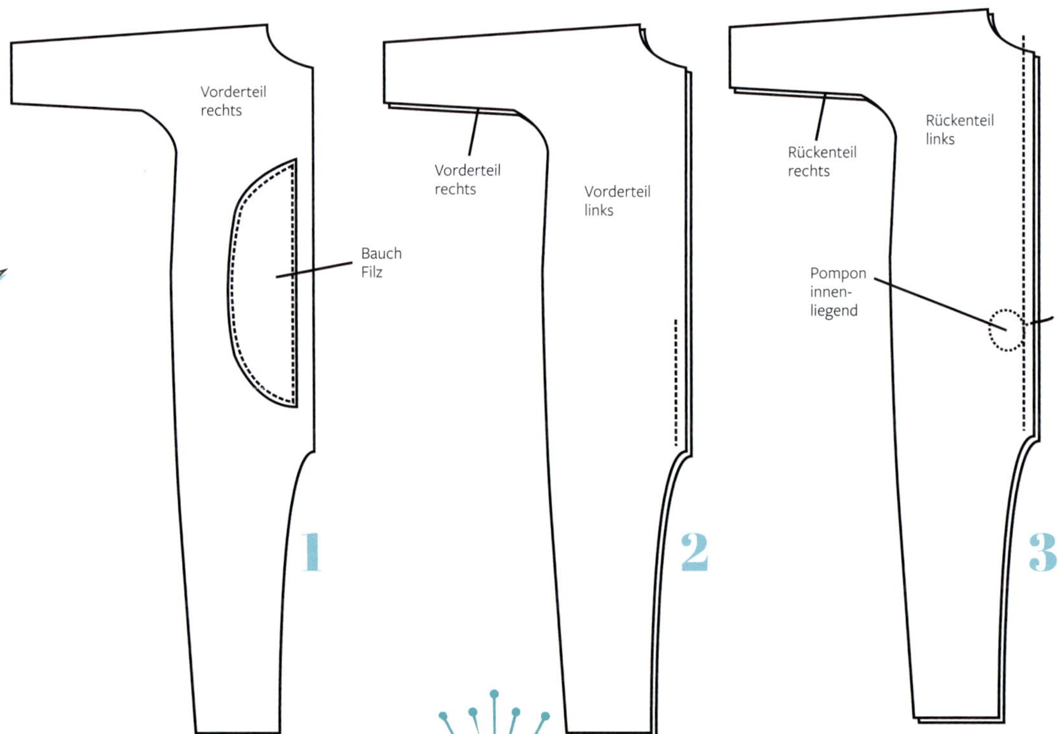

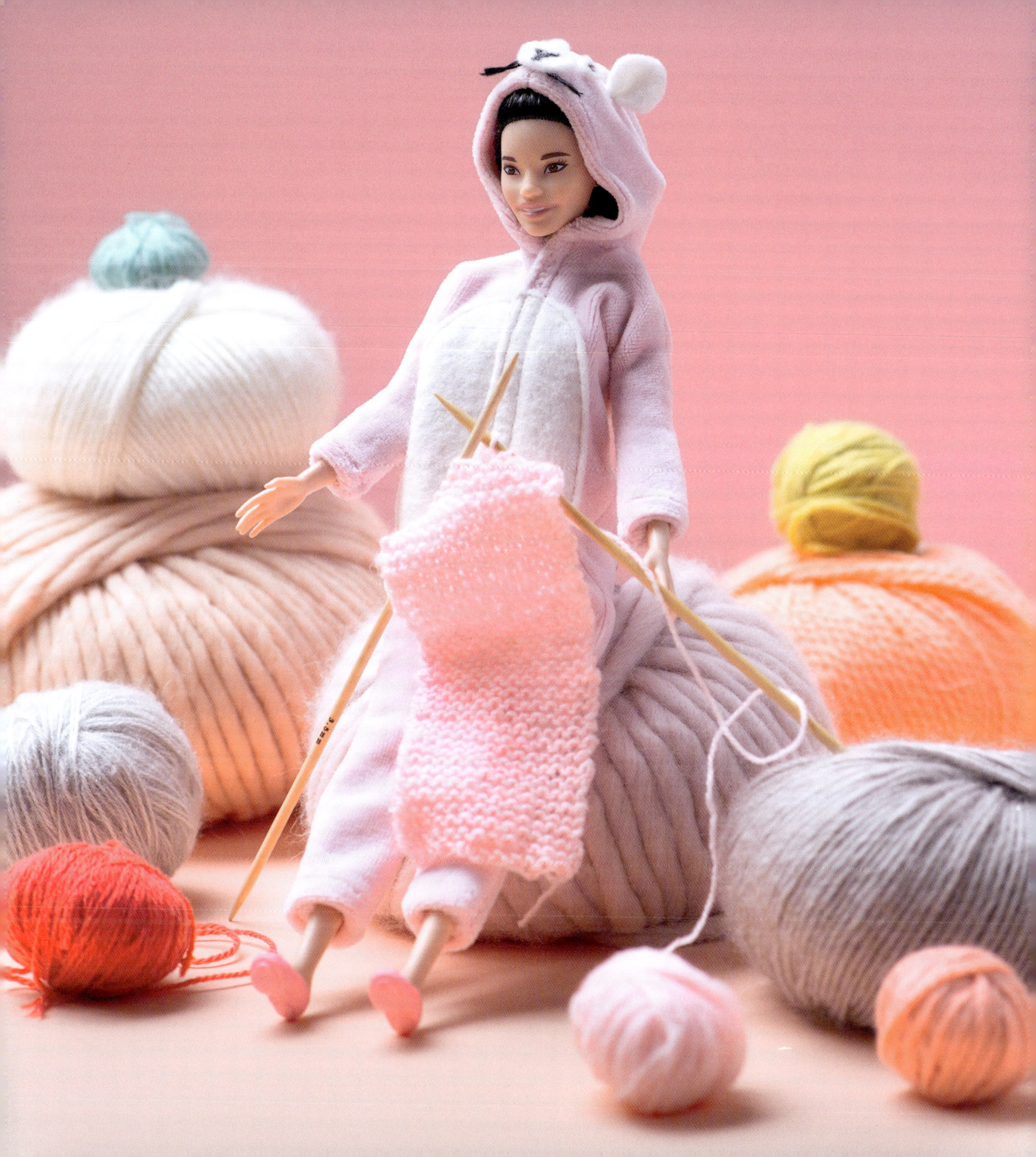

Schnittmuster in Originalgröße

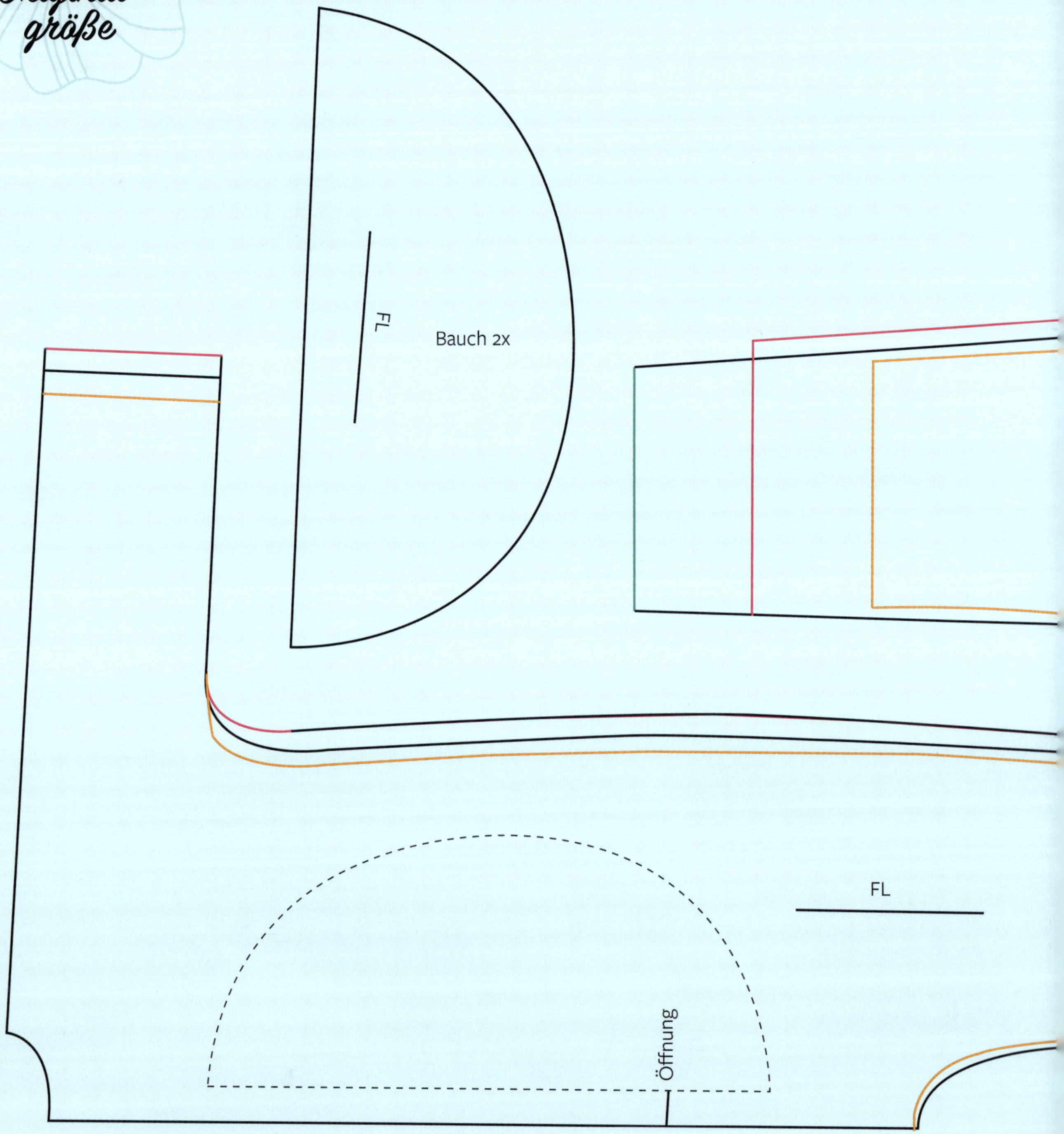

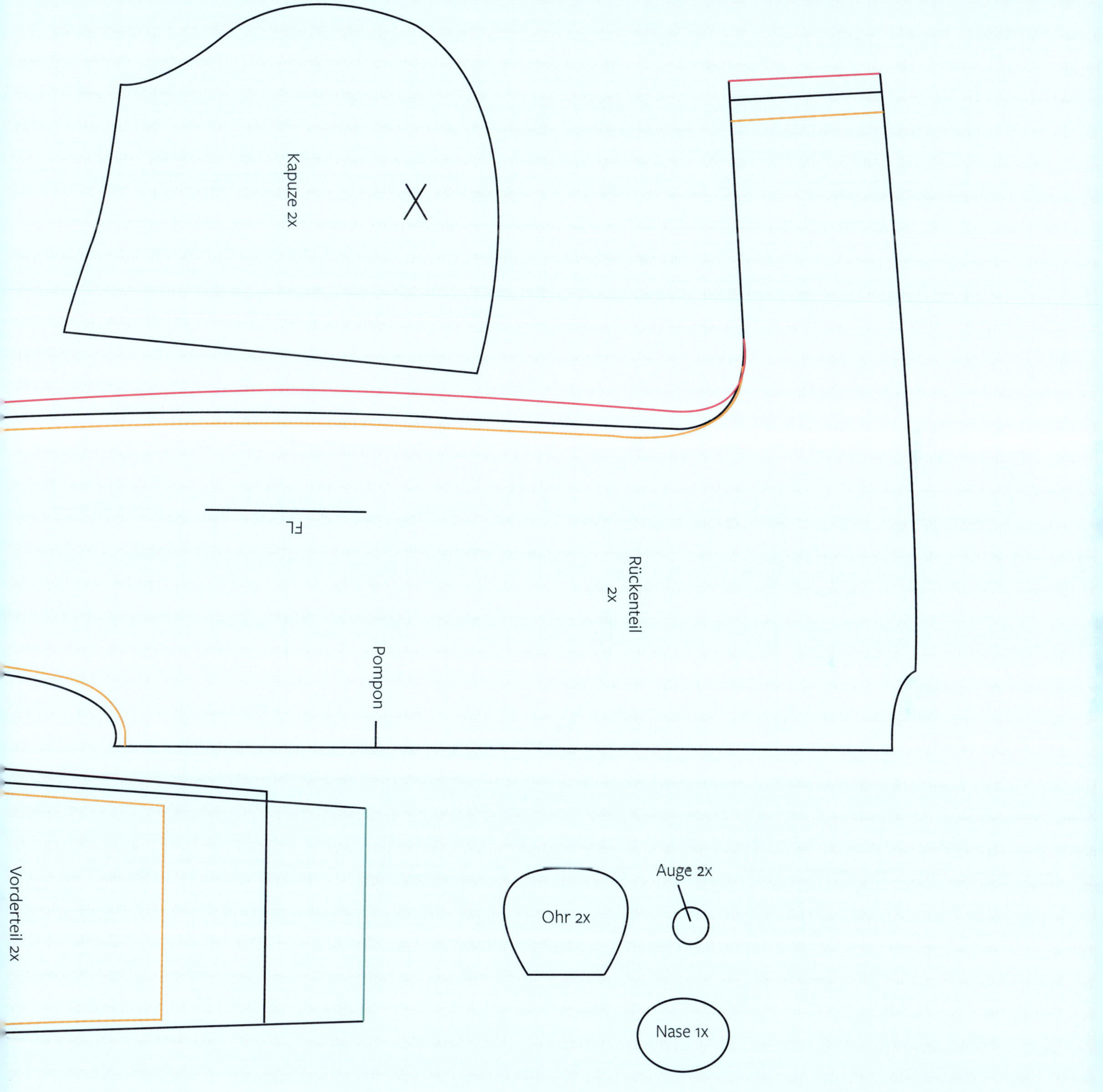
Kapuze 2x
FL
Rückenteil 2x
Pompon
Vorderteil 2x
Ohr 2x
Auge 2x
Nase 1x

4 Die Vorderteile und das Rückenteil des Kigurumi an den Schulter-/Ärmelaußenkanten und den Innenbeinkanten rechts auf rechts zusammennähen.

5 An den Armen und Beinen unten jeweils einen 5 mm breiten Saum nähen.

6 Die Vorderteile und das Rückenteil des Kigurumi an den Seiten und den Ärmelinnenkanten rechts auf rechts zusammennähen.

7 Die beiden Kapuzenteile rechts auf rechts zusammennähen.

8 An der Vorderkante der Kapuze einen 5 mm breiten Saum nähen.

9 Die Kapuze rechts auf rechts an den Halsausschnitt des Kigurumi nähen.

10 Die gerade Kante der Ohren je etwas raffen und die Ohren an den Markierungen von rechts an die Kapuze nähen.

11 Die Augen und die Nase auf die vordere Partie der Kapuze kleben und mit dem schwarzen Stift die Pupillen und die Nasenform aufmalen. Auf beiden Seiten der Nase kurze Stücke schwarzes Stickgarn als Schnurrhaare annähen.

12 Eine Kante der Öffnung am Vorderteil 5 mm breit nach innen umbügeln. Die Flauschseite des Klettbands auf den Umschlag nähen.

13 Die Hakenseite des Klettbands von rechts entlang der Kante auf das andere Vorderteil nähen.

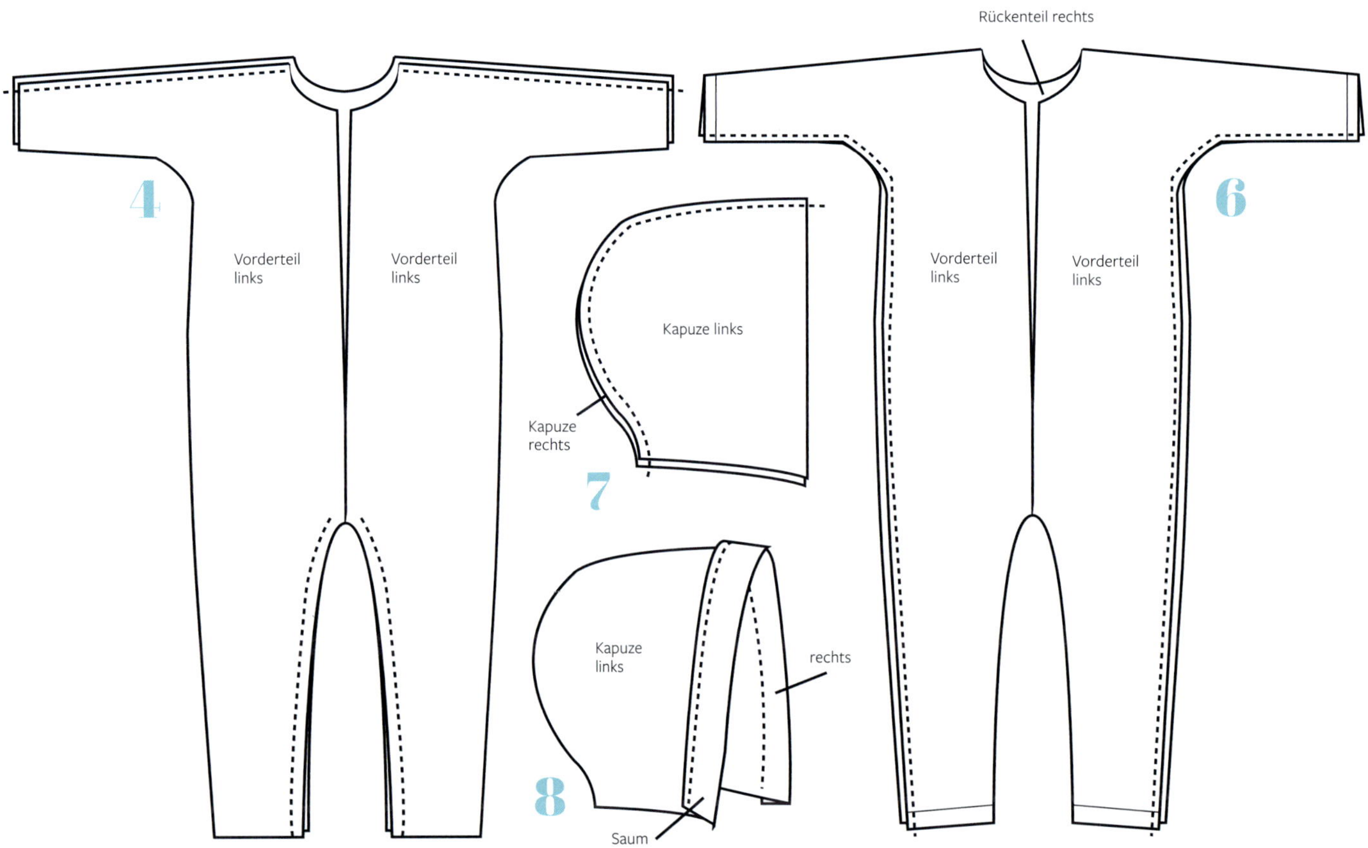

9

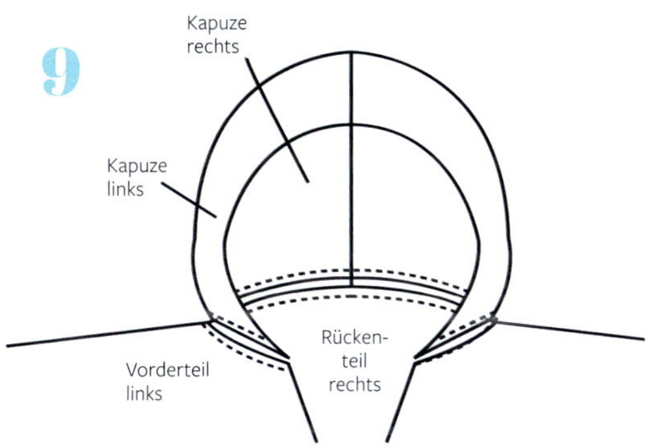
Kapuze
rechts
Kapuze
links
Vorderteil
links
Rücken-
teil
rechts

10/11

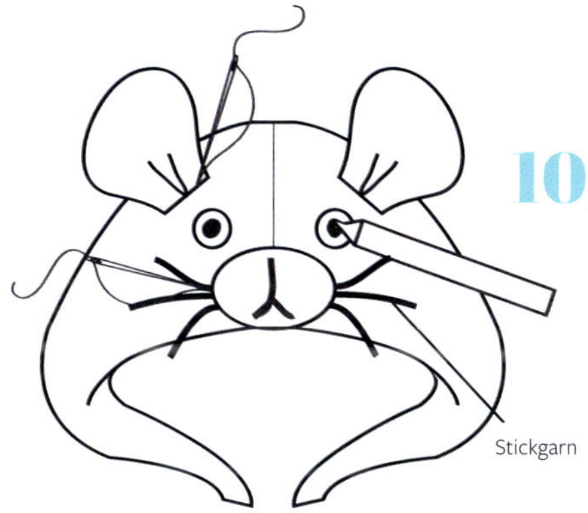
Stickgarn

12/13

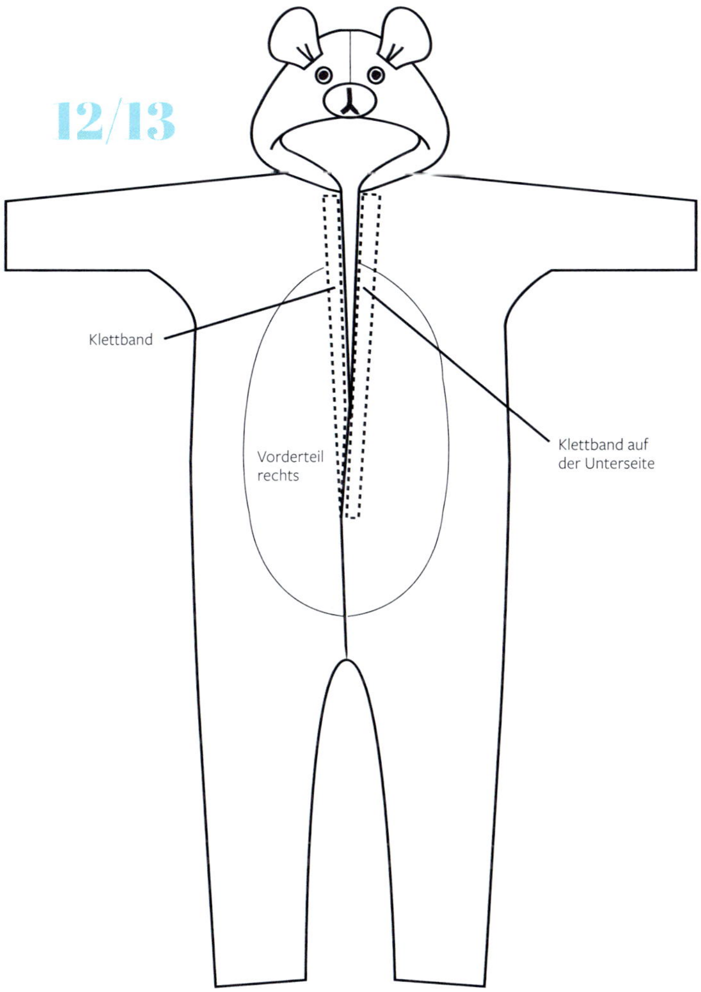
Klettband
Vorderteil
rechts
Klettband auf
der Unterseite

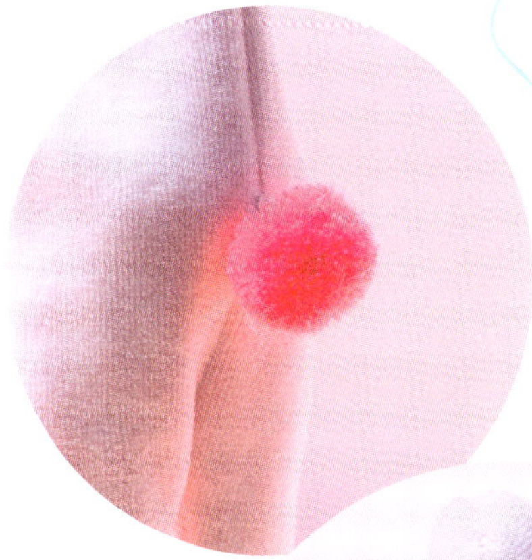

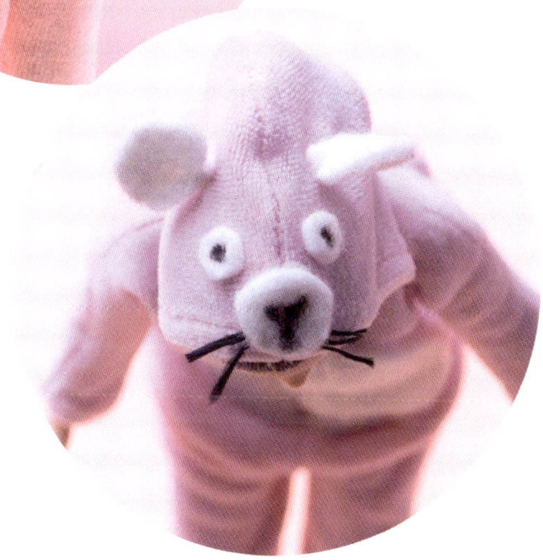

Dank

Ein großes Dankeschön an Nicolas, Cédric und Amaury von Stragier für die Bereitstellung sämtlicher verwendeter Stoffe.

Sonstige Materialien

Barbie Künstlerin
Malutensilien von Ressource Peintures
https://ressource-peintures.com/

Barbie Kigurumi
Wolle von Phildar
https://www.phildar.fr/

Barbie Eiskunstläuferin
Glitzerpapier von Draeger
https://www.draegerparis.com/

Impressum

Titel der Originalausgabe: Nouveaux vêtements à coudre pour Barbie et Ken

Freischaltcode für die digitale Bibliothek: 55380

FOTOS: Jean-Baptiste Pellerin
ENTWÜRFE UND ANLEITUNGEN: Annabel Benilan
ÜBERSETZUNG: Katrin Marburger
LEKTORAT: Gabriele Reuß
PRODUKTMANAGEMENT: Iris Stegmanns
UMSCHLAGGESTALTUNG: Tatjana Weiß
HERSTELLUNG: Konstanze Laue
SATZ: Arnold & Domnick, Leipzig
DRUCK: DZS Grafik, Slowenien

2. Auflage 2025

produktsicherheit@frechverlag.de

MIX
Papier | Fördert gute Waldnutzung
FSC® C106600

Penguin Random House Verlagsgruppe
FSC® N001967

ISBN 978-3-7358-7073-5 • Best.-Nr. 27073